MAURICE THIÉRY

PARIS BOMBARDÉ

Par Zeppelins, Gothas et Berthas

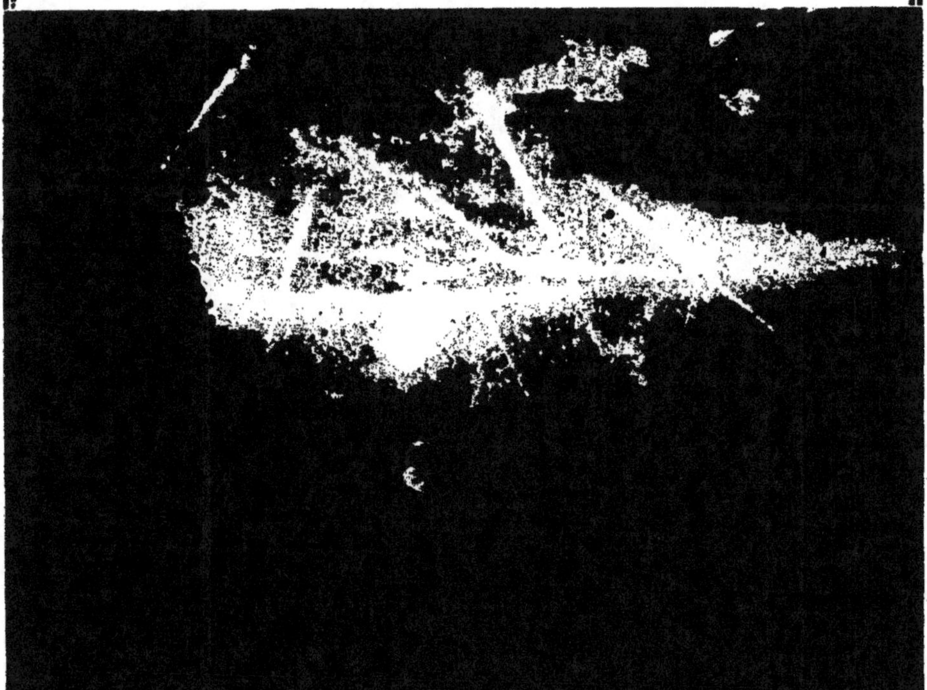

Tableau de M. J. Iwill — Exposé au Gaumont-Palace

E. DE BOCCARD, ÉDITEUR

1 RUE DE MÉDICIS, PARIS

1921

PARIS BOMBARDÉ

par

Zeppelins, Gothas & Berthas

DU MÊME AUTEUR

Contes d'min village. Péronne, 1899.

A travers Paris. WOLFF, Paris, 1900.

Contes picards. Péronne. 1902.

Silhouettes picardes. Amiens, 1903.

Journal d'un Officier français. MAME, Tours, 1905.

Contes du Vermandois. Saint-Quentin, 1908.

La vieille ferme, roman. Paris, 1910.

Sous le chaume, roman, Paris. 1912.

Dans la Picardie dévastée. DE BOCCARD, 1918.

Le Nord de la France sous le joug allemand, DE BOCCARD, 1919.

Les petits Héros de la guerre. DELAGRAVE, 1920.

La guerre en Picardie. BLOUD ET GAY, 1920.

L'Héroïsme français pendant la guerre. DUCROCQ, 1921.

MAURICE THIÉRY

PARIS BOMBARDÉ

par

Zeppelins, Gothas & Berthas

PARIS

E. DE BOCCARD, ÉDITEUR

(Ancienne Librairie Fontemoing et Cie)

1, RUE DE MÉDICIS, 1

1921

PARIS BOMBARDÉ
par Zeppelins, Gothas & Berthas

I

Comme elles semblent éloignées déjà ces nuits d'alerte où le sifflement des sirènes faisait sursauter les Parisiens dans leurs lits !

Mais si le roulement formidable des tirs de barrage, le ronflement saccadé des gothas, le fracas des détonations de torpilles précédant d'énormes lueurs d'incendie frappaient un instant la population de stupeur et d'effroi, celle-ci ne tardait pas à envisager le danger avec cette sérénité gouailleuse qui déconcerte l'étranger.

Pendant la guerre, défense formelle fut signifiée de divulguer soit par écrit, soit verbalement, les points de chute des projectiles lancés par l'ennemi sur Paris. On devine aisément les motifs de cette interdiction puisque les Allemands attachaient à la connaissance des lieux atteints une telle importance que leur service d'espionnage promettait mille francs pour chaque indication fournie.

Aujourd'hui que la paix est revenue, les raisons de cette défense n'existant plus, il est intéressant de jeter un regard rétrospectif sur les quatre années que troublèrent les sinistres exploits des pirates de l'air et les attentats des monstrueux canons allemands contre la capitale.

Et l'on ne se remémore point ces fréquentes nuits d'alerte et de totale obscurité imposées par la barbarie boche à la population parisienne sans un frisson de terreur.

Premières visites des taubes.

Les Allemands, dans le but de terroriser les Parisiens, vinrent, à la fin du mois d'août 1914, bombarder la capitale par avions.

La première incursion des aviateurs ennemis sur Paris remonte au dimanche 30 août 1914.

Ce jour-là, à midi quarante, une violente explosion retentissait au 66 de la rue des Mars , puis au 39 rue des Vinaigriers, au coin de la rue Albouy, à côté d'une boulangerie dont la vitrine volait en éclats, tandis qu'une épaisse fumée se répandait dans la rue.

Presque en même temps deux autres bombes tombaient dans le même quartier : 5 et 7 rue des Récollets et 127 quai de Valmy. Malheureusement il y eut des victimes : deux femmes furent blessées par l'explosion ; on les transporta à l'hôpital Saint-Louis.

Un public considérable ne cessa de circuler, durant l'après-midi, autour du théâtre de ces explosions. Rue des Vinaigriers, notamment, la foule fut très dense. On se montrait les éraflures que les éclats avaient produites sur les pierres des immeubles avoisinants, à plusieurs mètres de l'endroit où la bombe avait creusé un trou dans le sol.

Les aviateurs allemands avaient laissé choir, en même temps que leurs bombes, une oriflamme de deux mètres cinquante à laquelle était cousue une pochette de caoutchouc renfermant du sable destiné à entraîner une lettre écrite en allemand du lieutenant Heidessen ; cette lettre disait en substance : « L'armée allemande est aux portes de Paris, vous n'avez plus qu'à vous rendre. »

Cette fanfaronnade, loin d'affoler la population parisienne, excita sa badauderie narquoise en lui faisant choisir pour but de sa promenade dominicale le lieu de l'accident.

Cette première visite fut suivie d'une autre le 1ᵉʳ septembre ; cette fois, il y eut deux morts et dix blessés 1 rue de Moscou ; un mort et six blessés 37 rue La Condamine. Deux autres bombes furent jetées l'une 29 rue du Mail et 10 rue de Hanovre.

Les Parisiens n'éprouvaient aucune frayeur, au passage des aéroplanes du Kaiser; la curiosité était le seul sentiment qui dominait.

Le mercredi 2 septembre, sur le seuil des maisons, dans les squares, sur les boulevards et les avenues, où tous les bancs avaient été pris d'assaut, les légers, les braves, les charmants, les terribles descendants de ceux qui firent la Ligue, la Fronde et la Révolution, armés de jumelles, de longues-vues, de télescopes, attendaient l'apparition dans l'azur du ciel du taube, des taubes quotidiens... Les points élevés de Paris avaient été envahis, et, sur la butte Montmartre, on louait des chaises et des lorgnettes.

L'attente des curieux ne fut point déçue. Un premier avion allemand apparut du côté de Neuilly, vers cinq heures du soir; il passa au delà de la Tour Eiffel, fit un crochet au-dessus de la place Denfert, et après avoir dépassé Notre-Dame piqua droit vers l'est.

Un second fut aperçu un peu avant six heures à droite de Saint-Denis; il survola Paris dans le voisinage de la porte de la Chapelle, prit la direction de la rue des Poissonniers, passa tout près du Sacré-Cœur, se rendit jusqu'au-dessus du Louvre, puis revint du côté de la Chapelle pour sortir au-dessus des Abattoirs.

Un troisième, venu de l'est, se tint entre la butte Montmartre et Belleville à une très grande hauteur; il ne dépassa point les anciens boulevards extérieurs; il paraissait observer les évolutions du second avion.

A la suite de cette visite, on signala quatre points de chute : 2 rue d'Orchampt (un mort); angle des rues Pascal et Claude-Bernard (deux blessés); 120 rue Lepic (un blessé); 7 rue Chapon.

En outre, ces avions en rebroussant chemin laissèrent tomber leurs trois dernières bombes sur la banlieue : rue Ferragues, à Aubervilliers, ainsi que dans un champ de cette même localité et enfin une autre à la gare aux marchandises de la Plaine Saint-Denis.

Le mardi soir, 8 septembre, vers cinq heures, plusieurs taubes ne firent qu'une courte apparition au-dessus de Paris.

L'un d'eux survola le Raincy à une hauteur de deux cents mètres. Il n'y avait aucun courage à s'exposer ainsi, car les troupes étaient parties et tous les pavillons avaient été abandonnés par les habitants.

Lorsqu'il arriva en vue du fort de Chelles, l'aviateur allemand s'éleva à quinze cents mètres. Un régiment breton de service autour du fort ouvrit un feu de salve, et plusieurs projectiles atteignirent l'appareil. L'un d'eux creva le réservoir à essence.

L'avion descendit en vol plané entre le fort de Chelles et le village de Bron. A cet endroit travaillaient, sous la conduite de M. Hubert, de la C. G. T., des terrassiers recrutés pour l'établissement des tranchées du camp de Paris. Les ouvriers se trouvant en contrebas n'aperçurent l'aéroplane qu'au moment où il dévalait de la colline droit sur eux, puisqu'il vint tomber en plein chantier. Stupéfaits, les terrassiers n'avaient pas eu le temps de faire un mouvement que, déjà, l'officier allemand déchargeait dans leur direction les dix balles de son mauser sans d'ailleurs causer de blessures graves.

L'Allemand fut exécuté sur le champ à coups de pioches.

Le 27 septembre, vers midi, un taube, piloté

par le lieutenant von Decken, survola Paris et jeta plusieurs projectiles.

Les Allemands ne pouvaient se consoler d'avoir été contraints, par la victoire de la Marne, de renoncer à leur entrée dans Paris. Aussi, dans l'impossibilité de nous rendre visite, chargeaient-ils leurs aviateurs de déposer dans la capitale quelques bombes qui, fort heureusement, faisaient beaucoup plus de bruit que de mal.

Le premier projectile éclata en face du numéro 39 de la rue Vineuse, à Passy, sur un mur séparant deux jardins particuliers.

Le second tomba sur les cheminées d'un immeuble sis 7 avenue Jules-Janin, récemment encore occupé par un baron autrichien qui s'était enfui lors de la déclaration de guerre; un autre atteignit le 18 de la rue Marignan.

Partout, jusqu'ici, les dégâts étaient nuls, ou à peu près; tout se bornait à quelques pierres effritées.

La cinquième bombe du lieutenant von Decken tomba avenue du Trocadéro, à l'angle de la rue Freycinet et en face de l'hôtel du prince de Monaco. Elle produisit une excavation de douze à quinze centimètres de profondeur. Dans le voisinage, les carreaux furent cassés, des arbres criblés de mitraille. Malheureusement, cette fois, il y eut des victimes.

M. René Hocquet, ancien notaire, habitant 5 quai Voltaire, qui traversait à ce moment l'avenue, fut atteint à la tête, au cou et à la poitrine par des éclats. Transporté à l'hôpital Beaujon il y succomba peu après son arrivée.

Au début de la guerre, les Allemands avaient fusillé un petit garçon qui jouait avec un fusil de bois. Dans leur raid sur Paris, le 27 septembre 1914, un de leurs taubes fracassa la jambe d'une petite fille de treize ans qui allait chercher du pain. La fillette dut être amputée au-dessous du genou à l'hôpital Beaujon. L'opération ayant réussi, Denise Cartier, dont les parents habitaient 5 rue de la Manutention, n'alla pas rejoindre le petit garçon fusillé, mais elle restera infirme.

Ces deux enfants méritent que l'histoire conserve leur souvenir : leur jeunesse s'est fanée à l'ennemi.

Denise Cartier fut héroïque à sa manière.

A l'agent qui la relevait, elle recommanda : « Surtout ne dites pas à maman que c'est grave ».

Tout le monde à l'hôpital admira son courage.

Pour terminer sa randonnée, le lieutenant von

Decken lâcha, au-dessus du bois de Boulogne, d'abord, un dernier projectile qui tua une vache dans les pâturages de Longchamp, puis un sac empli de sable, auquel était attaché une oriflamme sur laquelle étaient inscrits ces mots: *Parisiens, attention ! Voici le salut d'un aéroplane allemand.* (Signé) *Lieutenant von Decken.*

Le vilain oiseau allemand n'avait pas cessé de se tenir prudemment à une grande hauteur au-dessus des nuages, — à l'abri des balles : personne ne l'avait aperçu.

Les engins avaient la forme de petites marmites, dans le genre de celles que Ravachol, de sinistre mémoire, employait jadis. Deux d'entre elles contenaient un panier sur lequel ces mots avaient été tracés en allemand : « Attention ! ne les prenez que par la poignée !... » Le lieutenant von Decken avait l'ironie plutôt lourde.

Lorsque les premiers taubes survolèrent Paris, l'ambassadeur des Etats-Unis protesta. Il s'éleva contre des attentats dont étaient victimes de paisibles promeneurs : un passant inoffensif et une innocente fillette.

M. Herrick, l'éminent ambassadeur des Etats-Unis, tint à se documenter personnellement sur les circonstances de l'attentat du 27 septembre 1914. Accompagné d'un secrétaire, il se rendit sur les lieux, constata la matérialité des faits et adressa un rapport à son gouvernement.

D'autre part, l'ambassadeur d'Espagne alla, lui aussi, en personne, se rendre compte des dégâts occasionnés, et envoya un de ses attachés au commissariat de police du quartier pour recueillir tous les renseignements de nature à le documenter sur ce nouvel attentat des Barbares.

III

Raids de dirigeables. — Quatre Zeppelins sur Paris.

Il n'y eut que deux raids de zeppelins sur Paris ; au cours du premier, effectué le 21 mars 1915, sept projectiles furent jetés, et lors du second, le 29 janvier 1916, les aviateurs lancèrent dix-sept bombes.

Celui de mars fut le moins meurtrier : il n'y eut que neuf blessés ; le second fit beaucoup plus de victimes : on compta vingt-quatre tués et trente-deux blessés.

Dans la nuit du 20 mars 1915, à une heure vingt minutes du matin très exactement, la préfecture de police se trouvait avisée par le gouvernement militaire que des zeppelins, se dirigeant sur Paris, étaient signalés de Compiègne. Un peu plus tard, une nouvelle communication téléphonique annonçait à la police qu'un autre zeppelin avait été aperçu au delà de Mantes.

Les casernes de pompiers furent immédiatement prévenues, et en quelques instants l'alarme était donnée dans tous les quartiers de Paris. Les voitures automobiles parcouraient les rues à toute vitesse en jouant bruyamment de la trompe, stoppant aux carrefours, où un clairon sonnait le garde-à-vous.

Des têtes effarées paraissaient aux fenêtres, des gens hâtivement vêtus sortaient des seuils, mais sans émotion, nulle panique ne se produisait : enfin on allait voir des zeppelins !

Les gardiens de la paix, armés de longues, perches, éteignaient les réverbères et interpellaient sévèrement les habitants qui gardaient leurs fenêtres éclairées.

Ce branle-bas de défense s'accomplit en moins de dix minutes, puis le silence revint. silence relatif, car les curieux à leurs fenêtres, dissimulés lerrière les persiennes entre-bâillées, échangeaient des propos.

Soudain une, deux, trois détonations retentirent, que d'autres bientôt suivirent. D'où venaient-elles au juste ? On ne savait pas très bien, mais ce bruit inaccoutumé eut pour résultat d'exciter la fureur de tous les chiens de Paris qui se mirent à hurler désespérément.

Deux heures après, les pompiers circulèrent de nouveau pour annoncer, cette fois, que le danger avait cessé.

On a pu observer, de façon aussi précise que possible, un instant de la marche de l'un des zeppelins sur Paris.

C'est au moment où la batterie d'Issy-les-Moulineaux ouvrit sur lui son feu pour la deuxième fois. Une première salve de six coups avait été tirée entre 1 heures 54 et 1 heure 58.

A 2 heures 14, le dirigeable fut démasqué à nouveau par le faisceau d'un projecteur, et immédiatement les canons recommencèrent à tirer.

A cet instant, à la jumelle télémétrique, le zeppelin mesurait exactement 1 m. 57 sous un angle de 49 degrés. Un rapide calcul trigonométrique permit de déduire que sa hauteur était d'environ dix sept cents mètres. Sa vitesse atteignait soixante-quinze kilomètres à l'heure. Le premier obus de la seconde salve, dont l'éclatement fut, comme les suivants, parfaitement visible, porta au-dessous du dirigeable à une distance égale à peu près à sa grandeur. Les cinq autres coups tirés à dix secondes de distance portèrent un peu plus haut, mais à l'arrière. A 2 heures 19, le projecteur avait perdu définitivement la trace du zeppelin, mais, au loin d'autres batteries tiraient encore.

C'est seulement le dix septième arrondissement et un tout petit coin du dix-huitième, qui à Paris furent bombardés.

Rue Théodore-de-Banville, 3, à l'angle de l'avenue de Wagram et de la rue Demours, une bombe tombée sur le toit de l'immeuble, qu'elle traversa en causant quelques dégâts dans une chambre inoccupée.

Passage Léger, dans la rue de Tocqueville non loin de la rue Cardinet, un engin incendiaire endommagea quelque peu la devanture d'un magasin.

Rue Dulong, 78, un projectile s'abattit sur le toit. C'était une bombe incendiaire de forme conique, longue de soixante centimètres ; la fusée n'éclata pas, mais le petit réservoir de benzine qu'elle contenait creva, et le liquide incendiaire s'écoula en gouttelettes. Les pompiers vinrent enlever le récipient dangereux.

Rue des Dames, 9, une autre bombe, après

avoir rebondi sur le toit de l'immeuble portant le numéro 7, fit explosion dans la cour près d'une petit construction où logeaient les concierges.

Dans cet immeuble, une locataire, madame Pesson de Lapène, femme de M. Pesson, ex-receveur des finances, fut tuée par la commotion que causa l'éclatement de l'engin.

Enfin, dans le dix-huitième arrondissement, au bas de l'avenue de Saint-Ouen, impasse Mylord, une bombe tombée au numéro 6, alluma un tas de paille dans la cour de MM. Doutte frères, fabricants de fibres de bois, où elle provoqua des dégâts sans importance.

IV

Les Zeppelins sur la banlieue parisienne.

A Saint-Germain, les zeppelins ont laissé choir six engins.

Un projectile tomba 4, rue de Mantes, chez M. Rivière, négociant en vins et détruisit un mur ainsi que la porte d'une écurie où se trouvaient quatre chevaux. Aucun de ces animaux ne fut blessé.

Chez M. Simon, parfumeur, 28 rue Vauthier, un engin tombé dans le jardin, déracina un gros marronnier, et le projeta par-dessus le mur de clôture dans une propriété située de l'autre côté de la rue.

Chez M. Thierry, horticulteur, 54, rue de Lorraine, la bombe atteignit un arbre où elle s'accrocha et fusa.

Trois autres bombes, rue de Fourqueux, tombèrent dans des jardins et y creusèrent des trous.

A Argenteuil, vers 2 heures 10, les deux zeppelins passèrent au-dessus de la ville.

La population, réveillée depuis un quart d'heure environ par le bruit des mitrailleuses et des canons, put, très nettement, suivre les évolutions des dirigeables.

L'un d'eux arrêta ses moteurs, puis sans paraître se soucier des balles des mitrailleuses du moulin d'Orgemont ou des obus lancés par les canons des forts, l'équipage lança des bombes.

Un des projectiles tomba quai de Seine, sur la chaussée, près de la propriété Coutelet creusant un trou énorme dans la chaussée, sans causer d'autres dégâts.

Un second, rue de Sartrouville, sur la chaussée, ne fit pas davantage de victimes.

A la hauteur de la rue du Truet, un autre engin enflamma une voiture.

Rue d'Epinay, devant la maison occupée par M. Cécile, employé, un projectile creusa dans la chaussée un trou profond de deux mètres et large de trois. Une invraisemblable quantité de terre recouvrit en partie le vitrage d'une marquise et le toit d'un poulailler. D'accident de personne, il n'y en eut point : M. et madame Cécile, ainsi que leur fille, en furent quittes pour une violente émotion et la perte de tous les carreaux de leur maison.

A cela ne se borna point l'œuvre de destruction des zeppelins. Un shrapnell, tombé dans la cour d'une maison située 20, rue de Sannois, fit explosion dans un local vide appartenant à M. Métayer.

Rue de Grande-Fontaine, dans l'immeuble portant le numéro 7, un second shrapnell traversa le toit, les plafonds, causa des dégâts dans le logement des époux Rebour et Maugineau, et s'enfonça dans le parquet d'un atelier de broderie.

Il n'y eut fort heureusement aucun accident de personne à déplorer. Mademoiselle Rebour put d'ailleurs se flatter de l'avoir échappé belle : le shrapnell démolit la cloison contre laquelle était placé son lit, qu'elle n'occupait pas, exceptionnellement couchée avec sa mère, dans une pièce voisine.

A Levallois-Perret, il était un peu moins de deux heures du matin, quand deux bombes furent lancées par un dirigeable sur un pavillon situé 2, place Corneille.

Le dit pavillon se trouvait habité par deux familles comprenant une dizaine de personnes. L'explosion du projectile éventra la partie centrale du bâtiment, dont les deux ailes restèrent debout.

Deux jeunes gens, les frères Bonnet, âgés de quinze et vingt ans, ensevelis sous les décombres, purent être retirés avec des blessures sans gravité. Les autres habitants du pavillon n'eurent que de légères contusions.

Une seconde bombe incendiaire, lancée rue Poccard, ne causa que des dégâts peu importants et ne fit aucune victime.

A Bois-Colombes, une forte bombe tomba rue Quinet, au milieu de la chaussée, mais sans exploser.

A Courbevoie, des quatre bombes jetées l'une, au n° 5 de la rue Louis-Ulbach, éclata dans un atelier où travaillaient cinq ouvriers. Deux d'entre eux furent blessés.

Devant le n° 8 de la même rue, une bombe explosive creusa sur la chaussée une excavation de cinq à six mètres de diamètre sur un mètre cinquante de profondeur. Les vitres de la maison voisine volèrent en éclats sous la violence de l'explosion.

Un troisième engin, éclatant dans les ateliers Malreaux, 17 rue Jules-Ferry, occasionna des dégâts matériels assez importants tant dans les ateliers mêmes que dans le logement de M. Malreaux. Enfin, une quatrième bombe est allée choir dans un terrain de football situé 188, boulevard de Courbevoie.

Plusieurs bombes, lancées sur la Garenne-Colombes, tombèrent rue Auguste-Brisson, aux n° 54, 3 et 22 ; elles s'enfoncèrent en terre dans les jardins, non sans briser les vitres des maisons. Une enfant de trois ans fut couverte d'éclats de verre et légèrement blessée.

Avenue de Lutèce et rue du Château, deux autres projectiles eurent le même sort. Un peu plus loin, à la limite des communes de Colombes et de la Garenne, un engin, sans éclater s'enfonça à un mètre cinquante de profondeur dans le sol. Par contre, une bombe, qui fit explosion sur le terrain d'une société sportive, creusa un trou profond de deux mètres carrés.

Il faut ajouter six projectiles qui s'égarèrent

dans des terrains vagues, mais qu'ils aient explosé ou brûlé, ce fut en pure perte. Tous n'éclatèrent d'ailleurs pas, notamment la bombe qui se
posa sur la toiture du dépôt du chemin de fer,
et qui roula à terre. On la ramassa intacte pour
le Laboratoire municipal.

Il a fallu un quart d'heure au dirigeable ennemi pour semer ses engins. Très éclairé par la
lumière du projecteur durant ses évolutions, il
essuya le feu des batteries du Mont-Valérien sans
être atteint.

Asnières semble avoir attiré tout spécialement
l'attention des aéronautes ennemis. Ils s'acharnè-
rent sur cette commune qu'ils gratifièrent d'une
douzaine de bombes. Six, qui étaient incendiaires,
ne causèrent que d'infimes dégâts, rue Amélie,
chez le comte d'Angeville, rue Eugénie, avenue
d'Argenteuil et rue du Congrès, à l'usine Vuitton ;
en face du 27 de la rue Malakoff et dans l'île des
Ravageurs.

Toutefois, deux fillettes, Suzanne et Marcelle
Mondrot, treize et neuf ans, furent brûlées aux
jambes, ainsi qu'un soldat permissionnaire de
la 22e section, nommé Delannoy, qui voulut leur
porter secours.

Quatre autres bombes explosibles provoquèrent des dommages plus sérieux.

En face de l'usine Vuitton, 13 rue du Congrès, l'une fit un grand trou dans le mur, et madame Rotel, locataire, fut blessée par la chute d'un compteur à gaz. Plusieurs arbres se trouvèrent déracinés, 42 rue de Colombes; projetés avec violence, ils défoncèrent le toit de la maison voisine, contusionnant madame Maugras et son petit garçon, qui se tenaient à l'intérieur. Le pavillon du brigadier des gardiens de la paix, Clerfond, fut aussi très endommagé. Enfin rue du Mesnil, en face du n° 24, une excavation se produisit dans laquelle deux pompiers, trompés par l'obscurité, tombèrent et se contusionnèrent en procédant à des travaux de sauvetage.

Vers une heure du matin, Gennevilliers reçut deux bombes avenue de Paris : l'une, devant le n° 78, sans exploser ; l'autre, en face du n° 73, creusa un petit trou.

A l'aller comme au retour, les zeppelins ont gratifié Saint-Gratien de deux projectiles. Le premier tomba dans un jardin, le second dans un potager de l'avenue Catinat, sans blesser personne.

Enfin, en regagnant leurs hangars, ils ont encore lancé sur Compiègne une douzaine de bombes incendiaires ou explosives, qui n'occasionnèrent que des dommages matériels sans importance. Elles n'ont pas produit plus de résultat que les trois qui ont atteint Dreslincourt et Ribécourt, au nord de la forêt de Compiègne.

Par cette attaque du 21 mars, les Allemands avaient caressé leur rêve « kolossal ». Ils voulaient détruire une partie de la capitale et pour cela ils avaient envoyé quatre zeppelins. Mais vite repérés, deux des monstres aériens avaient dû rebrousser chemin et les deux autres bombardèrent seulement un coin de Paris et une partie de la banlieue ouest. Ils lancèrent au total vingt-quatre bombes.

Voici d'ailleurs ce que disait une note communiquée le lendemain du crime allemand :

« La nuit dernière, entre une heure quinze et trois heures, quatre zeppelins se sont dirigés sur Paris, venant de la direction de Compiègne, suivant la vallée de l'Oise.

Deux d'entre eux ont été contraints de faire demi-tour avant d'arriver à Paris, l'un à Ecouen, l'autre à Mantes.

Les deux autres, attaqués par l'artillerie de la

défense, n'ont passé que sur les quartiers de la périphérie nord-ouest de Paris et dans les régions voisines de la banlieue. Ils se sont retirés après avoir lancé une vingtaine de bombes, dont quelques-unes n'ont pas éclaté.

Neuf personnes ont été atteintes ; une seule sérieusement.

En définitive, le raid des zeppelins sur Paris a complètement échoué. La population parisienne a été, comme toujours, parfaitement calme ».

V

Une alerte.

Le 24 mars 1915, une alerte provoquée par les zeppelins, se produisit à Paris.

Elle eut lieu à dix heures trente.

De même que précédemment, des escouades d'agents, armés de longues gaules sortirent en courant des postes de police et procédèrent à l' « extinction des feux ». Pourtant aucune sonnerie de clairon ne retentit. Et les pompiers restèrent dans leurs casernes. Cependant au bout de quelques minutes Paris était plongé dans les ténèbres.

Que s'était-il donc passé ? Voici :

Le gouvernement militaire de Paris venait d'être avisé que, d'après certains indices, on pouvait croire que des zeppelins survolaient le département de l'Oise. Aussitôt, il en avait prévenu la préfecture de police. Mais étant donné l'imprécision des renseignements recueillis, et pour éviter de provoquer une émotion quelconque parmi la population, le général Galliéni avait décidé de borner les mesures de précaution à la suppression de l'éclairage à Paris et dans les communes de la banlieue.

A onze heures, les rues du centre de Paris s'animèrent quelque peu. C'était le moment de la sortie des théâtres. Les spectateurs, surpris de l'obscurité qui régnait cette fois encore sur la voie publique, prirent la chose plutôt gaiement. Ils levèrent les yeux vers le ciel, que balayaient toujours les rayons puissants des projecteurs. Comme ils n'y distinguaient rien, ils montèrent en fiacre ou s'empressèrent vers la station la plus proche du Métro, afin de regagner leur domicile.

Vers minuit, l'escadrille d'avions, lancés à la recherche des zeppelins, rentrait à Paris. Ils n'en avaient aperçu aucun dans la région indiquée.

Aussitôt l'ordre était donné de rallumer les réverbères.

VI

L'attaque du 29 janvier 1916.

En 1916, dans la nuit du 29 au 30 janvier, un zeppelin survola de nouveau Paris et fit, à Ménilmontant soixante-quatre victimes : vingt-six tués et trente-huit blessés.

Une fois de plus les Allemands manquèrent leur but.

Ces gens-là, qui sont capables de tous les raffinements d'ignominie, manquent totalement de sens psychologique. Ils se sont imaginé qu'en envoyant sur Paris un de leurs zeppelins assassiner dans un quartier populaire de pacifiques habitants, ils sèmeraient la terreur parmi la population parisienne ; ils n'ont fait germer que la colère, l'indignation et, si toutefois la chose était possible, une recrudescence de haine et de mépris pour leurs lâches attentats.

Il n'était pas tout à fait dix heures du soir, quand, sur le boulevard de Belleville, où les devantures des cafés, sur le point d'être closes, jetaient encore quelques pâles clartés, retentit l'appel claironné des pompiers ; pour les promeneurs, nombreux encore à cette heure, l'alarme était tout à fait imprévue.

Cependant, depuis une demi-heure l'autorité militaire, prévenue du passage d'un dirigeable allemand à la Ferté-Milon, avait envoyé les avions du camp retranché en reconnaissance, et l'on avait aperçu de nombreuses lumières qui, comme des étoiles filantes, striaient l'obscurité du ciel.

On doutait encore et l'on se complaisait à croire qu'il ne s'agissait que d'une alerte, lorsque tout à coup, en même temps qu'une lumière aveuglante embrasait les ténèbres, retentissait une détonation formidable.

Une fumée intense envahit soudain l'horizon et creuse comme un vide sur le boulevard ; des femmes, des enfants, s'égaillent, en courant, dans toutes les directions ; puis, peu à peu, sous la fumée qui se dissipe, la chaussée réapparaît, la silhouette des arbres dénudés se dresse de nouveau vers le ciel ; l'émotion se calme. On approche, et l'on peut se rendre compte : la première bombe a crevé la chaussée, y faisant un trou de près de dix mètres de diamètre, et, tout au fond de cet entonnoir, s'ouvre un autre trou de cinq à six mètres, de chaque côté duquel s'enfonce le tunnel éclairé du Métropolitain.

C'est au centre même de la voûte qu'est venu choir le premier projectile. Les terres ont été soulevées, rejetées comme par une armée de travailleurs, et l'axe bétonné, brisé comme verre, s'est écroulé sur la voie où deux minutes auparavant passait un train rempli de voyageurs. Des débris informes, des matériaux amoncelés d'où émergent des rails, apparaissent.

Le tonnerre de l'explosion s'est répercuté à travers le souterrain, jusque dans les galeries, semant la panique parmi les voyageurs qui attendent et qui, ne sachant rien encore, se demandent anxieusement quelle catastrophe a pu se produire sur la ligne. Mais à ces stations, des gens qui savent, eux, se sont réfugiés dans le Métro pour y trouver un abri ; et ceux-ci mettent les premiers au courant de ce qui s'est passé. Pendant ce temps, sur le lieu de l'explosion, les pompiers, précédés de voitures d'ambulances, procèdent, à la lueur de torches, au déblaiement des décombres.

Par miracle, le premier engin n'a pas fait de victimes. Les dégâts, bien que considérables, sont purement matériels. Les vitres, dans les immeubles d'alentours ont été réduites en miettes; un arbre, coupé en deux, comme par un coup de foudre, a été projeté sur la marquise d'un établissement voisin. Rien d'autre. Mais ce n'était que le début du raid.

Trente secondes ne s'étaient pas écoulées que, à peu de distance de là, une détonation, aussi violente que la première, ébranlait l'air. Un vieil immeuble de trois étages se trouvait traversé; les fenêtres étaient arrachées; des débris de toitures et d'entablements pendaient d'une façon lamentable.

Cette seconde bombe causa la mort d'une femme de soixante et onze ans et blessa deux personnes : M. Théodore Balassé, cinquante-cinq ans, et M. Eugène Ruy, tous deux grièvement atteints.

Presque aussitôt éclata le troisième engin : il atteignit un immeuble de cinq étages, dont le côté gauche était en partie effondré. Il y avait cinq blessés, pour la plupart gravement : M. Jules Butaud et sa femme, tous deux âgés de cinquante-cinq ans; M. Descamps, quarante-huit ans, madame Lanthoine, trente ans, et son fils Charles, un bambin de neuf ans.

La liste des victimes ne devait pas, hélas! s'arrêter là. La fumée de l'engin qui venait de frapper ces hommes, ces femmes et cet enfant n'était pas encore dissipée que dans une autre petite voie toute proche, au n°6 de la rue de l'Elysée-Ménilmontant, une quatrième détonation retentissait. La bombe s'était abattue dans une courette commune à plusieurs immeubles de trois à cinq étages.

Là, dans un des logements donnant sur cette cour, demeuraient M. François, gardien de la paix du XI⁰ arrondissement, sa femme et sa fille, âgée d'une douzaine d'années.

La famille était couchée. Le mari et la femme dans la chambre donnant sur la cour, la fillette dans une pièce un peu plus éloignée.

Entendant la sonnerie du « garde-à-vous », l'agent François s'était levé. Il ouvrit sa fenêtre et scruta le ciel. A ce moment, la bombe arriva. Une formidable poussée d'air, accompagnée d'éclats de verre et d'acier, projeta le malheureux sur le sol; c'est là qu'après un quart d'heure de recherches on le découvrit, le ventre et la poitrine ouverts, la tête ne formant plus qu'une bouillie sanguinolente. Sa femme, atteinte à la tête et au cou de plusieurs blessures profondes, se sauve, en hurlant de douleur. La fillette seule est indemne. Affolée, elle s'enfuit et des voisins la recueille, tandis que l'on transporte sa mère dans une voiture d'ambulance et que l'on dégage des décombres le cadavre de son père.

Au deuxième étage, sur la cour, habitait M. Faillet, vieillard de soixante et onze ans.

Au moment où les sauveteurs arrivent, sa chambre présente un indescriptible chaos.

Le malheureux locataire était couché et dormait sans doute. Le lit est complètement recouvert par son baldaquin, détaché du plafond qu'effondra la force de l'explosion. Et sous cette masse, sous les plâtras, les débris de boiserie, gît l'infortuné vieillard. A la lueur des torches des pompiers, des bougies, des lampes à essence dont s'éclairent les locataires épargnés, on examine le corps.

M. Faillet, à demi recouvert par le drap du lit, la face calme, semble dormir...

Vit-il encore ? Un médecin se penche, scrute le cœur, puis se relève :

— Mort !

La commotion ? Non. Le drap relevé, on découvre que le vieillard porte à l'abdomen une affreuse blessure d'où ses entrailles et son sang s'écoulent.

Au rez-de-chaussée et aux divers étages, cinq blessés, plus ou moins grièvement, et que les voitures d'ambulauce emportent dans une pharmacie voisine. Ce sont : madame Bouvier, trente-sept ans, ménagère ; madame Parent, brodeuse ; madame Gabrielle Mathis, trente-deux ans, mécanicienne ; un jeune homme de vingt-trois ans, Pierre Laurent ; un gardien de la paix du XIe arrondissement, M. Brunel.

Comme les précédents, cet immeuble présente un aspect pitoyable.

Sur un autre côté de cette même cour, dans un immeuble de cinq étages également, d'autres logements sont atteints par le cinquième projectile et quatre personnes encore : mademoiselle Marie Martin, trente-neuf ans, dactylographe ; madame veuve Payen, soixante-cinq ans, et madame Ponce, employée de commerce ; un enfant de quatorze ans, le jeune Duresapt, qui porte au pied une profonde blessure.

A quelques pas de là, la force de la déflagration a jeté bas plusieurs baraques en planches, dont les débris obstruent la cour.

Dès qu'ils se sont vus découverts et menacés par les nôtres, les aviateurs assassins n'ont plus eu qu'une pensée : rebrousser chemin, fuir, le plus rapidement possible.

Dans leur rage, ils lâchent, coup sur coup, au

hasard, toute leur cargaison d'explosifs, sûrs de n'atteindre que des civils sans défense, des femmes, des vieillards, des enfants !...

C'est maintenant, dans l'espace de quelques instants, un véritable ouragan de fer, de flamme, de fumée qui s'abat, dans un rayon de cinq à six cents mètres, sur le malheureux quartier.

Les détonations se succèdent à intervalles si rapprochés que, du boulevard aux fortifications, c'est comme un effroyable grondement d'orage que coupent les éclats et les éclairs de la foudre.

Huit victimes, tel est l'horrible bilan de la sixième bombe qui détruit presque de fond en comble un pauvre immeuble d'un étage, situé dans une petite rue étroite et montante.

Là, une famille dine gaiement. Le bruit de l'alerte n'est pas arrivé jusqu'à elle.

La veille, son chef, M. Auguste Petitjean, âgé de trente-huit ans, mobilisé dans un régiment du front, a quitté les tranchées pour venir en permission et embrasser les siens qu'il n'a pas vus depuis dix-huit mois.

Autour de lui, sa femme, sa jeune fille Lucie, âgée de quinze ans, son fils Henri, d'une dizaine d'années, puis des voisins : M. Joseph Frichti, âgé de soixante-six ans, la famille Leriche, composée de la mère, trente-quatre ans, et de ses deux enfants, le petit Raymond, jeune garçonnet de huit ans, et la petite Andrée, charmante fillette de dix-huit mois.

On devise joyeusement. On parle de l'avenir, on esquisse des projets... M. Petitjean raconte les exploits des nôtres, là-bas, aux lignes de combat.

Et, soudain, la chose terrible survient.

La bombe criminelle s'est abattue sur le toit de la maisonnette, a éclaté au milieu de la petite salle à manger, semant la ruine et la mort, détruisant les choses, tuant les êtres.

Et quand les voitures de pompiers et d'ambulance, accourues en hâte, arrivent au milieu de la panique qui a chassé sur la voie publique la foule des habitants de cette rue populeuse, sept cadavres horriblement déchiquetés, gisent au milieu de la maison éventrée.

M. Auguste Petitjean, sa femme et sa fille, madame Leriche et ses deux enfants, M. Joseph Frichti ont péri.

La vie d'un seul petit être a été épargnée. C'est Henri Petitjean qu'on retire des décombres, les deux jambes brisées.

Tandis que les projecteurs continuent à fouiller vainement le ciel, où les petits phares brillants de nos avions se croisent et s'entre-croisent en tous sens, rue de Ménilmontant, une septième bombe vient choir au bord du trottoir, en face d'un petit débit de vins, situé au rez-de-chaussée d'une haute bâtisse blanche, creusant dans le sol un trou énorme et béant.

Les volets de l'immeuble et ceux de la maison voisine sont arrachés de leurs gonds. Les carreaux, brisés en mille morceaux, ont été projetés dans les pièces, blessant aux mains et aux visages de nombreux locataires.

Sept personnes sont plus particulièrement atteintes. Ce sont : madame Choukman et ses deux enfants, son frère et la femme de celui-ci ; puis Maurice Forest, quinze ans, et Madame Chambault, trente-huit ans.

Un peu plus haut, dans la même rue, de l'autre côté, une bombe, la huitième, s'abat au fond d'une cour où se dresse un haut immeuble de six étages.

La maison, du faîte à la base, s'est trouvée partagée en deux, dans un écroulement chaotique de matériaux et de pierres.

Les pièces, béantes, détruites, s'ouvrent dans le vide, où des meubles, déchiquetés, gisent, où des linges s'effilochent.

Et quand les pompiers, à la lueur de leurs torches, vont fouiller au milieu de ces ruines lamentables, ils retrouvent huit victimes dont une femme, madame Fillette, née Louise Dange, trente-neuf ans, et son enfant blessé ; puis six autres cadavres que l'on n'est parvenu à identifier que plus tard, à la Morgue ; ce sont : Pauline Metché, quatre ans, et sa sœur Léontine, quinze mois ; M. Honoré Douellé, soixante-dix ans ; madame Douellé, soixante-neuf ans ; madame Léon, née Lourençot, vingt-neuf ans, et son fils Jean, neuf mois.

Quelques heures plus tard, vers huit heures du matin, on allait retrouver, évanouie mais vivante, sous ces mêmes décombres, une dame Dewasse, âgée de soixante-trois ans. Par un miraculeux hasard, elle ne portait aucune blessure.

La neuvième et la dixième bombe n'ont, par bonheur, causé que des dégâts matériels : un atelier détruit... des devantures enfoncées... des murs jetés bas... un arbre déraciné... Mais à quelque distance de là, un autre engin cause d'effroyables dégâts et détruit de fond en comble un petit immeuble où se trouvent logés un sous-brigadier de gardien de la paix, M. Bidault et sa famille. La belle-mère de M. Bidault, madame Priteux, a été tuée sur le coup.

Quelques instants après la chute du projectile, les pompiers et les voisins s'étaient empressés, et comme la fumée commençait à se dissiper, ils perçurent au milieu des murs écroulés, des meubles fracassés, une voix qui appelait :

— Par ici ! par ici !

C'était M. Bidault qui, enseveli jusqu'à la poitrine, s'efforçait de diriger les sauveteurs.

On l'entendit encore crier :

— Sauvez ma femme d'abord.

Madame Bidault venait d'être relevée, seulement blessée aux jambes et à la poitrine, dans un terrain voisin où la force de l'explosion l'avait projetée. On entreprit de dégager le sous-brigadier de gardiens de la paix. Mais il était trop tard : l'opération du sauvetage n'était pas terminée que déjà il avait rendu le dernier soupir. Il portait à la tête une blessure affreuse qui mettait en partie la cervelle à nu.

La série lugubre n'était pas close encore. Rue Haxo, l'avant-dernière bombe, détruisant totalement un immeuble d'un étage, ensevelissait M. et madame Tédé, tous deux près de la quarantaine, et retrouvés broyés sous les décombres ; madame Juliette Lorillon, au premier étage, n'était heureusement que blessée.

Enfin, passage des Tourelles, tout à côté d'un dispensaire antituberculeux, dans un autre immeuble d'un étage, qui ne présentait plus qu'un amas de moellons, de planchers, de gouttières et de tuyaux tordus, on découvrit encore le cadavre d'un enfant de huit ans, Jean Dagomer, dont le père n'avait reçu que des blessures, et la dépouille mortelle de madame Godefroy, âgée de cinquante-huit ans. M. Dagomer, sorti des décombres, salua le commandant des pompiers en lui disant :

— Je vous remercie... les pompiers sont de braves gens.

Plusieurs autres bombes furent encore lancées par les pirates de l'air, ainsi que des fusées ; l'une de ces dernières mit le feu dans une commune de la banlieue, à une chambre de bonne ; mais l'incendie put être rapidement éteint. Dans la même localité, on découvrit une bombe non éclatée, qui ainsi que deux autres ramassées à Paris et non explosées également furent portées au Laboratoire municipal et désamorcées par les soins de M. Kling, directeur, assisté de MM. Florentin et Gallet. L'une de ces bombes était d'un poids double de celle qui fut jetée à Courbevoie dix mois auparavant par un zeppelin. Les deux autres présentaient les mêmes dimensions que cette dernière.

Aussitôt qu'il apprit que des bombes avaient été jetées sur Paris par un dirigeable allemand, le président de la République voulut aller lui-même se rendre compte des dégâts et apporter l'expression de sa sympathie aux victimes ou à leurs familles. En arrivant dans le quartier atteint par les projectiles, il y trouva le ministre de l'intérieur, le préfet de police, le général Clergerie, le général Galopin, qui, déjà, s'empressaient. Un grand nombre de conseillers municipaux, de députés et d'autres personnages officiels étaient également présents. Un cortège se forma qui parcourut chacune des rues où les projectiles étaient tombés, assistant au sauvetage des blessés qu'on retirait des décombres et prodiguant quelque réconfort à la population éprouvée.

Dans le quartier atteint par les projectiles se trouvait une œuvre d'hospitalisation de nuit qui hébergeait des vieillards et des femmes.

Quatorze personnes chassées de leurs logements à la suite des explosions y furent conduites à deux heures du matin.

Ces braves gens surpris dans leur sommeil par la détonation et le fracas des murs qui s'écroulaient, s'étaient sauvés dans la rue, à peine vêtus.

Les marchands de vins des environs, dont les boutiques étaient restées ouvertes, les recueillirent. Ces quatorze personnes formaient deux familles : les familles Vincent et Medgé.

La famille Medgé comprenait le père, la mère et six enfants ; les deux plus jeunes étaient, hélas ! restés sous les décombres de leur maison écroulée.

Tous ces hospitalisés furent immédiatement réconfortés, mais on ne put obtenir d'eux aucun souvenir précis sur la catastrophe : le bruit de l'explosion les avait abasourdis. Ils se trouvèrent dans la rue sans savoir comment ils s'y étaient rendus.

A une heure du matin, le gouvernement militaire de Paris faisait annoncer que l'alerte était terminée.

Pendant dix mois qu'il n'entendit point les rumeurs de la guerre, Paris pouvait être tenté non point certes de l'oublier, mais de se souvenir un peu moins souvent qu'il n'était pas même à cent kilomètres du front de bataille. La barbarie teutonne le lui rappela de la façon la plus brutale.

L'on s'est demandé comment il avait pu se faire qu'un zeppelin soit venu sur Paris sans être arrêté à temps par la garde vigilante que montaient nos avions dans l'enceinte du camp retranché. Comment a-t-il pu jeter des bombes sur la capitale ? Comment surtout s'est-il enfui sans qu'un combat aérien ait été livré et l'ait abattu à l'intérieur de nos lignes ?

C'est à 9 heures 21 du soir. exactement, que l'alerte fut donnée au Bourget par un coup de téléphone de nos postes avancés qui signalaient l'apparition d'un zeppelin à la Ferté-Milon, naviguant dans la direction de Paris. Tous les aviateurs de service étaient à leur poste. En l'espace de quelques minutes les appareils étaient prêts à prendre leur vol, et, un à un, s'élevaient dans la nuit profonde.

Malheureusement une brume épaisse, constituée par d'opaques nuages à sept ou huit cents mètres d'altitude, empêchait d'une manière absolue les faisceaux de nos projecteurs de percer les ténèbres. Avec de pareilles conditions atmosphériques, l'appareil ennemi pouvait espérer échapper à tous les regards.

Ces circonstances expliquent que très peu d'aviateurs l'aient aperçu et que l'ensemble de nos escadrilles n'ait pu opérer contre lui la rapide concentration qui leur assurait une victoire certaine.

En dépit de ces conditions défavorables, il fut néanmoins vu et pourchassé de la façon la plus énergique par cinq de nos appareils.

D'un autre côté, l'alerte et l'attaque se produisirent presque dans le même moment, mais ce que l'on doit reconnaître, c'est que dans l'ensemble chacun a fait son devoir dans la mesure où les circonstances le lui ont permis.

VII

Voulaient-ils revenir ? — Une alerte à Paris.

Après un an de réserve circonspecte et d'abstention réfléchie, les pirates de l'air ont-ils voulu à nouveau risquer un raid sur Paris?

Depuis le 29 janvier 1916 ils ne s'étaient plus hasardés à nous rendre visite.

L'incursion du 11 janvier 1917 — la tentative d'incursion plutôt — fut moins heureuse pour les Allemands que la précédente.

Voici la note officielle qui fut communiquée aux journaux dans la soirée :

D'après des renseignements venus du front, et signalant que des zeppelins et des avions ennemis se dirigeaient vers le Sud, les mesures de précaution prévues ont été prises hier dans Paris.

L'alerte a été donnée à 18 heures 45 et le si-
gnal de fin d'alerte à 19 heures 40.

A 17 heures 20, le commandement militaire du
camp retranché de Paris était averti qu'un zeppelin, traversant nos lignes, venait d'être signalé à
Bray-sur-Somme. Il paraissait faire route directe-
ment vers la capitale. Immédiatement, l'alerte
préparatoire fut donnée à tous les postes.

Les projecteurs croisèrent leurs feux dans les
profondeurs ténébreuses du ciel, tout chargé
d'une neige menaçante dont les premiers flocons
déjà s'abattaient sur le sol.

Avions d'observation et avions de chasse, à toutes ailes, escaladèrent les masses d'ombres des
nuages.

Vers 18 heures, un coup de téléphone annonçait qu'un zeppelin était signalé dans la région de
Melun.

Aussitôt, dans les trois départements de Seine-
et-Oise, de Seine-et-Marne et de la Seine, les autorités militaires, avec le concours de l'autorité
civile, prenaient d'urgence toutes les mesures
nécessaires.

A 18 heures 45, le gouvernement militaire de
Paris et la préfecture de police décidaient de donner le signal de l'alerte n° 2. Toutes les lumières

s'éteignaient aussitôt et les voitures des pompiers sortaient en trombe des casernes, parcourant les rues à toute vitesse, selon leur habitude. Mais cette fois, d'après la nouvelle consigne, la sonnerie de clairons des premières alertes était remplacée par le mugissement d'une sirène fixée sur chaque voiture.

Il n'a pas semblé d'ailleurs que ce nouveau mode d'avertissement ait présenté des avantages très marqués sur l'ancien. Soit insuffisance des appareils employés, soit défaut d'essais ou précipitation, dans la plupart des quartiers les appels des sirènes, étouffés et se confondant avec les autres bruits de la rue, furent à peine remarqués de bon nombre d'habitants. Beaucoup d'agents se virent contraints de suppléer à l'insuffisance des avertissements et durent pénétrer dans les cours de nombreux immeubles pour inviter les habitants à voiler des lumières trop visibles ou à prendre les précautions prescrites pour leur sécurité.

Beaucoup de paisibles Parisiens, brusquement hélés par les braves représentants de l'autorité, crurent, tout d'abord, que le feu avait pris à la maison. Leur émoi fut de courte durée.

Quelques instants s'étaient à peine écoulés depuis le passage des pompiers et les premiers appels de la sirène, que, presque subitement, les boulevards étaient plongés dans l'obscurité.

Les becs électriques, d'un bout à l'autre de la grande artère, s'éteignaient, et, simultanément, dans toutes les boutiques et tous les établissements, les rideaux de fer ou les stores étaient baissés pour masquer en grande partie la lumière, qui ne jetait plus qu'une clarté diffuse sur l'asphalte miroitant de pluie des trottoirs.

Un peu tardivement les kiosques lumineux étaient éteints à leur tour.

Seuls, quelques fiacres ou taxis-autos continuant à circuler, en nombre très réduit, projetaient les rayons avares de leurs lanternes sur la chaussée. Quant aux autobus et aux tramways, la circulation en avait été complètement arrêtée dès l'extinction des premiers réverbères.

Cependant de nouveaux coups de téléphone apportaient, minute par minute, des nouvelles du pirate à la direction de l'aéronautique et au gouvernement militaire.

D'après ces nouvelles, le zeppelin avait été, aperçu se dirigeant de Fontainebleau vers Héricy et Montereau, poursuivi par les avions du camp retranché.

Même, il était annoncé qu'avant de gagner Montereau, où il aurait pris de l'altitude en obliquant vers le nord pour regagner à grande allure son point d'attache, le monstre avait laissé tomber une bombe sur Héricy, et qu'il avait été, en cette localité, copieusement bombardé par les batteries de défense.

Quoi qu'il en soit, à 19 heures 40, les pompiers refaisaient, dans les différentes voies de Paris, le chemin parcouru cinquante minutes auparavant. Mais, cette fois, c'était la berloque qui se faisait entendre, annonçant aux Parisiens que tout danger avait disparu et que la tentative avait avorté. Nos avions, eux aussi, peu après, reprenaient leur route en sens inverse pour regagner leurs hangars respectifs.

On apprit par la suite, qu'aucune bombe n'était tombée dans la région d'Héricy.

VIII

Raid de gothas du 30 janvier 1918.

Fait à noter : Paris et sa banlieue n'eurent à subir au cours de l'année 1917 que deux tentatives de raids aériens sans importance de la part des Allemands : le 27 juillet, un avion vint de nuit survoler Paris et le lendemain plusieurs appareils furent arrêtés en banlieue.

Il est à remarquer, en règle générale, que la plupart des incursions ennemies précédèrent toujours le déclenchement d'une offensive.

Depuis la mi-janvier 1918, les Allemands menaçaient Paris d'un raid aérien. Ils avaient cherché à le justifier par avance en prétendant, dans un de leurs communiqués, que nous avions bombardé des hôpitaux dans certaines de leurs villes ouvertes.

Quatorze tonnes d'explosifs formidables ont été déversées sur la capitale et sa banlieue nord, trente-six morts, cent quatre-vingt-dix blessés, en majorité des femmes et des enfants, des incendies et des maisons endommagées, tel est le sinistre bilan de cette nuit terrible du 30 janvier 1918. Constatation curieuse, il y avait juste deux ans, le 31 janvier 1916, que s'était produit sur Paris le précédent raid des zeppelins.

Cette fois encore leur but n'a pas été atteint, puisque de toute évidence leur entreprise criminelle ne saurait se justifier par aucune nécessité militaire et que dans l'esprit de ceux qui l'ont voulu, il ne s'agissait que d'influencer par la terreur le moral d'une population qu'aucune manœuvre d'intimidation n'avait pu jusqu'ici ni entamer ni faire fléchir.

Et la preuve que les Allemands n'ont point fait trembler l'admirable peuple de Paris, qui montra sous le bombardement une tenue morale au-dessus de tout éloge, c'est que bon nombre des victimes du raid du 30 janvier 1918 furent frappées à leurs fenêtres ou dans la rue tandis qu'elles cherchaient à suivre les péripéties du raid, curiosité intempestive, certes, mais qui n'est à coup sûr pas le fait de gens annihilés par l'émotion.

C'est à 23 heures 30 que fut sonnée l'alerte n° 2, peu de minutes avant que le bruit de la canonnade retentit. La préfecture de police venait d'être prévenue par le gouvernement militaire qu'un certain nombre d'avions allemands avaient franchi nos lignes et se dirigeaient vers la capitale.

C'étaient des appareils bi-moteurs, au nombre de seize divisés en quatre escadrilles.

C'était l'heure de la sortie des théâtres et des cinémas ; l'animation régnait dans les rues, gaies sous le clair de lune et le ciel étoilé. Les Parisiens, qui venaient de passer une soirée au spectacle, tout en regagnant leurs demeures, se confiaient doucement ironiques : « Voilà un beau temps à gothas ». La plupart ne croyaient pas si bien dire.

Au premier sifflement de sirène donnant à la population l'alarme n° 2 et comme s'il n'eût pas été un avertissement d'avoir à prendre des précautions, nombreux furent ceux qui, près de rentrer chez eux, formèrent des groupes sur les places et aux carrefours. Les autres, sur le point de se coucher ou déjà à moitié endormis, se précipitèrent à leurs fenêtres.

Des jeunes gens cependant s'efforçaient de parer

au danger d'une trop vive illumination, et çà et là, formés en équipes, éteignaient les réverbères encore allumés.

Cependant les sirènes retentissaient encore que déjà de sourdes détonations, vite reconnues pour être les coups de départ des 75 de la défense contre avions, indiquaient que la lutte était engagée. La lumière des phares rayant le ciel prouvait que les escadrilles du camp retranché faisaient bonne garde. Par moments, de secs déchirements ; des rafales de mitrailleuses ponctuées du grondement des canons.

Des fusées lumineuses zébraient le firmament, déjà constellé de claires lumières rouges, celles de nos phares d'avions en quête des pirates.

Brusquement, trois violentes détonations éclatèrent. Ce n'était pas le coup de départ du 75, ni l'explosion assourdie de l'obus cherchant l'avion. Les moins avertis reconnurent les bombes. Des aviateurs ennemis survolaient Paris.

Il était exactement 23 heures 50. De nouveau, les pompiers repassaient dans les voies déjà parcourues, confirmant aux habitants d'avoir à prendre les précautions prescrites. Les gardiens de la paix, conscients de leur devoir — certains ont payé de leur vie le salut de la population — invitaient les passants et les curieux, trop insoucieux malheureusement de leurs avis, à rentrer sous les voûtes des immeubles, pour éviter les éclats meurtriers.

Mais les détonations se rapprochaient. De longs sifflements semblables à des jets de vapeur, une soudaine lueur pourpre, un fracas affreux. Torpilles et bombes tombaient coup sur coup, sans interruption.

Presque tous les engins étaient explosibles, on en comptait peu d'incendiaires, juste le nombre nécessaire à la tactique des pirates d'allumer çà et là des incendies leur permettant de repérer les points de chute et de pouvoir diriger plus sûrement leur marche et leurs coups.

Une accalmie de quelques minutes permit de croire que l'expédition ennemie avait pris fin. Il n'en était rien. Après dix minutes de silence, une vingtaine d'explosions apportait aux Parisiens la triste assurance que la mort planait toujours sur la ville. L'attaque reprenait, mais cette fois moins meurtrière, car beaucoup de projectiles tombaient au milieu des chaussées, ne réussissant qu'à faire dans le sol des entonnoirs plus ou moins profonds et écornant les murs sans les pénétrer.

Cependant, les autorités n'avaient pas attendu la

fin de l'attaque pour recenser les dégâts et venir au secours des malheureuses victimes des gothas. Quelques minutes à peine s'étaient écoulées depuis l'explosion d'une bombe en un endroit déterminé qu'immédiatement les pompiers, leurs fortes lampes acétylène au poing, arrivaient pour déblayer les ruines accumulées et sauver les malheureux blessés ensevelis sous les décombres. C'est ainsi qu'un quart d'heure seulement après l'éclatement d'un engin qui avait fait deux victimes, le trou était comblé, le sol nettoyé et les cadavres identifiés. C'étaient d'ailleurs deux passants : le maréchal des logis Pierre Rossis, de Vincennes, qui se trouvait en permission, et M. Emile Guillion, 30 rue des Plantes.

Autour des endroits où les bombes avaient défoncé devantures et vitrines, et parfois, malheureusement, fauché des vies humaines, des groupes se formaient derrière les barrages d'agents, des officiers permissionnaires venaient étudier les effets des projectiles.

Dans les pâtés de maisons où les bombes avaient porté, c'était un spectacle effroyablement douloureux : sanglots des enfants parfois subitement devenus orphelins, femmes à la figure ensanglantée, faces crispées des vieillards aux visages ruisselants de larmes trahissant une rage impuissante contre les bandits qui massacraient des innocents.

A minuit quarante, nouvelle accalmie. Mais l'attaque qui durait déjà depuis une heure allait reprendre avec une intensité nouvelle, et ce fut dans ces dernières minutes que l'on eut, hélas! à déplorer le plus grand nombre de victimes.

C'est une petite fille de trois ans qui est tuée, alors que ses parents se trouvaient près de son berceau, s'efforçant de calmer sa frayeur, au troisième étage d'un immeuble où dix autres locataires se trouvaient atteints, mais non mortellement. C'est également à cet endroit que fut éventré un agent, accouru au bruit de la première déflagration, pour accomplir son service... et son devoir. Ailleurs, une jeune mère et ses deux bébés sont déchiquetés dans leur lit. Puis ce sont des malades qu'on n'a pu mettre à l'abri et qui sont tués sur leur couche de souffrance.

Cependant nos aviateurs serraient de près l'ennemi. De fréquentes rencontres, des crépitements répétés de mitrailleuses prouvaient le contact. Quand ils se sentirent trop en danger, les pirates aériens firent demi-tour : ils jugeaient sans doute que leur néfaste besogne était suffisante.

Les détonations d'arrivée qui pourtant se multipliaient ne décidaient point les curieux, bravant le froid et la nuit, à se mettre à l'abri. Pendant plus d'une heure, ils restèrent dans la rue, commentant les coups de départ, les explosions de bombes, les fusées lumineuses. Et ce ne fut que quand la berloque sonna, à 1 heure 10, quelque temps après les dernières détonations des engins boches que les obstinés badauds, désertant les voies publiques consentirent à regagner leur domicile. Combien la sécurité de Paris eût gagné, si, dès le début de l'alerte, les fenêtres fussent restées closes, les lampes éteintes, les rues et les terrasses vides !

IX

Méfaits et victimes des gothas.

Un des engins tomba sur un immeuble de quatre étages en bordure de l'avenue de la Grande-Armée. Une détonation formidable ébranla le quartier. La bombe, après avoir traversé la toiture et les mansardes, explosait au quatrième étage, provoquant l'écroulement sur la chaussée de toute la partie supérieure de l'immeuble. Les gros blocs en pierre de taille de la façade furent projetés jusqu'au milieu de l'avenue.

L'appartement du quatrième étage offrait, vu du dehors, l'aspect chaotique d'un chantier de démolitions. Les habitants étaient heureusement peu nombreux, la plupart des locataires étant absents de Paris.

Seul le troisième étage était occupé par la vicomtesse de la Noue et ses enfants. Leur gouvernante, quittant les mansardes, s'était réfugiée auprès d'eux; elle fut grièvement blessée par l'effondrement du plafond et les éclats des pierres lancés comme autant de projectiles. Elle dut être transportée à l'hôpital Beaujon. La vicomtesse de la Noue fut également assez sérieusement atteinte, mais ses enfants, une jeune fille de dix-sept ans et un garçon de sept ans, bien que pris au milieu des décombres, ne reçurent que quelques égratignures. Deux autres personnes furent encore blessées : Mademoiselle Marcelle Olivan, trente-cinq ans, et M. Bordel.

Un soldat auxiliaire, qui occupait la mansarde par laquelle a pénétré la bombe, a fait cet émouvant récit :

« Je venais d'être réveillé par le bruit des détonations et je me demandais, dans un demi-sommeil, si je devais me lever, lorsque, avec un sifflement aïgu, l'engin, pénétrant de biais dans ma chambre, rasa le pied de mon lit et, perçant le plancher, alla éclater à l'étage au-dessous. Je me retrouvai, tout abasourdi, étendu sur le plancher de ma mansarde, où j'avais été lancé par le déplacement de l'air, mais sans aucun mal ».

Cette première explosion fut suivie quelques

secondes après d'une deuxième détonation. Cette fois l'engin venait tomber dans une rue toute proche, creusant dans la chaussée un trou d'un mètre de profondeur.

La déflagration fut si violente que, sur une étendue d'une centaine de mètres, les pierres du macadam , se trouvèrent soulevées et lancées de tous côtés comme autant de projectiles. Les murs des deux côtés de la rue étaient criblés de trous profonds.

Le déplacement de l'air fut si formidable que la haute porte cochère d'un hôtel particulier situé en face, arrachée de ses gonds, alla, réduite en morceaux, s'abattre dans la cour. L'effroyable « coup de vent » dévasta littéralement la loge de la concierge, arrachant la porte de l'armoire à glace, renversant les meubles, cependant que des éclats de pierre, de verre et de bois, s'éparpillaient de toutes parts. Le concierge fut blessé à la tête par un de ces éclats, mais sa femme qui se trouvait près de lui n'eut absolument rien.

Dans un garage voisin, où se trouvaient remisées une trentaine de voitures, on constata les mêmes dégâts. Quelques automobiles furent trouées ainsi que l'auraient fait des balles. Ce n'étaient pourtant là que les effets des pierres projetées. Dans un rayon de deux cents mètres pas une vitre n'était restée intacte. Le sol, dans tout le quartier, se trouvait littéralement jonché de débris de verre.

Le 19ᵉ arrondissement fut particulièrement atteint. Les bombes n'ont heureusement, pour la plupart, provoqué que des dégâts matériels. Il y eut cependant quelques victimes, car un engin blessa assez grièvement une femme et son enfant, ainsi qu'un officier et détériora le trolley d'un tramway de cette partie nord de Paris.

Plus loin, une bombe creusa dans un trottoir un trou d'une profondeur de deux mètres ; la porte d'un cimetière, près de là, fut éventrée ; les murs voisins étaient criblés d'éclats. Un autre projectile au même endroit tomba sur un rail ; un troisième atteignit une usine. Deux autres, dans un passage, réduisirent en miettes de petites maisons dont les propriétaires, toute une famille de réfugiés de Reims, surpris dans leur sommeil, échappèrent par miracle à la mort : la bombe étant tombée dans la salle à manger, la chambre à coucher se trouva indemne.

Mais c'est sur la petite place de Bitche, près de l'église du quartier, que la pluie des dangereux projectiles semble s'être surtout acharnée. On ne compte pas moins de neuf bombes dans un rayon de deux cents mètres.

Deux passants, sur la place, furent atteints. Une caserne de pompiers eut toutes ses fenêtres brisées, ses portes arrachées. Un engin, dans la cour, creusa un trou d'environ un mètre cinquante de diamètre. La « voiture à soupe » des pompiers, rangée près de là, fut éventrée et quelques sapeurs-pompiers légèrement blessés. Le commissaire divisionnaire du quartier, l'officier de paix et plusieurs agents, sur cette même place de Bitche où ils s'étaient rendus dès la première alerte, se virent tout à coup encadrés par la chute presque simultanée de trois bombes. Mais, par une heureuse chance, personne ne fut atteint.

De l'autre côté de l'église, un engin, pénétrant dans la terre, fit exploser la conduite de gaz.

Sur le quai de Valmy, des bombes en tombant firent couler deux péniches. La cabine du pontonnier, lequel par bonheur, se trouvait au dehors, fut fracassée. Des trous de petite dimension, sur la chaussée indiquaient les points de chute d'autres projectiles.

Le long du canal Saint-Martin, plusieurs bombes tombèrent également. Ici, c'est une imprimerie sur le quai de Valmy, où il n'y eut que des dégâts matériels. Là, dans une petite rue, l'obus, éclatant sur le rebord du trottoir, brisa toutes les vitres des maisons environnantes. A côté, c'est une biscuiterie dont la toiture s'effondra sous l'explosion, ne provoquant heureusement, dans les logements voisins, qu'une légitime émotion, quoique brisant fenêtres et carreaux.

La rue Petit, toujours dans le même arrondissement, offrait un spectacle de destruction plus impressionnant. Une bombe causa, par l'explosion des gaz, des dégâts considérables dans les boutiques environnantes ; les devantures furent éventrées, une boulangerie, une épicerie et un restaurant se trouvèrent particulièremeut endommagés. Là, on releva quelques blessés, la plupart peu grièvement.

Une autre bombe tomba dans la cour d'une école maternelle située au nº 17 de la rue de Reuilly sans causer d'accident. Même rue, des éclats blessèrent un bébé de neuf mois. Quelques mètres plus loin, deux immeubles eurent leurs fenêtres arrachées. Une boutique de café-restaurant et une autre d'épicerie furent presque pulvérisées : dans la première, un seul blessé ; dans la seconde, il y eut des morts, qu'on retrouva sous les décombres, non loin du trottoir, près de la voûte d'entrée disloquée.

Les locataires d'un immeuble venaient de descendre l'escalier, se dirigeant vers la cave, quand une bombe éclata à quelques mètres de la maison, dont les vitres volèrent en éclats. Des projectiles trouaient en même temps le bois de la porte d'entrée et deux d'entre eux vinrent frapper le groupe resté dans le corridor ; une domestique eut l'artère fémorale de la jambe droite coupée ; le concierge fut atteint au pied et tous deux transportés dans un hôpital proche, où la jeune fille succomba.

Rue Saint-Sauveur, quatre immeubles étaient atteints : le 22, le 26, le 28 et le 47. Du dehors, on distinguait peu de marques apparentes de l'attentat, que révélaient seuls les carreaux brisés. Dans les trois premières maisons, rien que des dégâts matériels qui revêtaient un aspect de cataclysme : dans le dernier immeuble, celui du 47, la bombe, pénétrant par le toit, du côté de la cour, creusa jusqu'au deuxième étage, un entonnoir où s'enchevêtraient dans un pêle-mêle indescriptible, meubles, linge et vêtements.

A l'hôpital Broca, une bombe produisit une excavation au milieu d'une cour intérieure, près du bureau du directeur. Elle projeta un pavé de la cour sur le toit d'un pavillon, et cribla de mitraille les grosses pierres des murs, mais — détail singulier, — aucune des vitres ne fut même pas fêlée. Un autre pavé fut trouvé jauni de soufre. Un jeune homme de seize ans, appartenant au personnel, fut seul très légèrement blessé.

Sur un même boulevard toutes les vitres de trois immeubles contigus furent brisées. Dans le corridor du troisième, un locataire eut le corps criblé des éclats de l'engin tombé sur la chaussée ; il mourut presque aussitôt, tandis que trois personnes, qui l'accompagnaient, n'étaient pas touchées.

En général, une bonne partie des personnes blessées furent atteintes, soit parce qu'elles se trouvaient sur la voie publique, soit parce qu'elles stationnaient près des fenêtres ou des portes donnant sur la rue. Il a été constaté, du reste, qu'un grand nombre de bombes étaient à tir rasant, coupant net ou rabotant les pavés; c'est ainsi que près d'une station du Métro furent frappés des gens qui n'avaient pu descendre assez vite, de même que deux gardiens de la paix, de service, Battisti et Collignon furent tués net dans la rue.

Par ailleurs une bombe fit explosion entre deux corps de bâtiments : l'un, situé sur la rue, ne fut pas touché ; l'autre, de quatre étages. donnant sur la cour, occupé par une dame Beldant et le ménage Jucherie. Après avoir traversé le toit l'engin descendit jusqu'au sol. entraînant l'effondrement du parquet de la chambre du premier dans laquelle était couchée madame Beldant ; celle-ci fut tuée soit par la bombe. soit par sa chute ; cadavre, débris et meubles dégringolèrent dans le logis du rez-de-chaussée, blessant grièvement le couple Jucherie.

Le gardien de paix Ragonneau fut tué au moment où il se trouvait à sa fenêtre ; une fillette de cinq ans, traversant la rue à ce moment, ainsi que deux passants : un maréchal des logis français et un ambulancier américain périrent également.

Une bombe creva le toit d'un immeuble, traversa deux plafonds, puis, déviant, se fixa dans le mur du second étage, la pointe en l'air. Elle marqua son passage par quelques dégâts sans importance. Les locataires des appartements qu'elle traversa s'étant réfugiés dans le bas de l'immeuble demeurèrent sains et saufs.

Rue Montorgueil, trois bombes s'abattirent

dans un espace restreint. L'une démolit les cinquième et quatrième étages d'une maison située
à l'angle de cette rue. Les locataires de cet immeuble ayant cherché asile au rez-de-chaussée,
personne ne fut blessé.

Même rue, de l'autre côté de la chaussée une autre bombe, après avoir traversé les cinquième et
quatrième étages d'un immeuble, fit explosion au
troisième. Parmi les occupants de cette maison il
y eut une quinzaine de blessés, mais aucun mortellement. Les dégâts furent très importants et l'é-
difice dût être évacué. Le troisième et tous les étages inférieurs eurent beaucoup à souffrir. La loge
de la concierge fut détruite de fond en comble.

X

Le chef de l'Etat visite les victimes.

Dans la nuit même, dès qu'on eut quelques précisions sur les résultats de la nouvelle tentative criminelle de nos ennemis, le président de la République et les membres du gouvernement se rendirent dans les quartiers atteints par les bombes des avions allemands.

A trois heures du matin, MM. Nail, garde des Sceaux ; Jeanneney, sous-secrétaire d'Etat à la Guerre ; Albert Favre, sous-secrétaire d'Etat à l'Intérieur ; Adrien Mithouard, président du Conseil municipal ; Delanney préfet de la Seine ; Raux. préfet de police ; Deslandres, président du conseil général, allèrent saluer les victimes.

Le lendemain, dès neuf heures, ·M. Poincaré visita les hôpitaux où l'on soignait les blessés du raid de la nuit précédente. Il était accompagné de MM. Clémenceau, président du Conseil ; Pams, ministre de l'Intérieur ; J.-L. Dumesnil, sous-secrétaire d'Etat à l'Aéronautique ; Mithouard, président du Conseil municipal, des préfets de police et de la Seine etc.

Pendant que le président de la République se trouvait auprès des blessés, il fut rejoint par M. Antonin Dubost, président du Sénat, Deschanel, président de la Chambre, Strauss et Gaston Menier, sénateurs.

Accompagné de madame Poincaré, le chef de l'Etat gagna ensuite la banlieue où il parcourut les quartiers sinistrés afin de porter des paroles de réconfort aux familles des victimes.

Partout, le président de la République fut accueilli avec une vive et respectueuse sympathie, et les Parisiens associèrent le président du Conseil aux chaleureuses manifestations dont le chef de l'Etat était l'objet.

XI

En banlieue.

La banlieue parisienne n'a pas été épargnée par les aviateurs ennemis.

— Ah! disait une brave femme, on se serait cru quasiment au milieu d'un orage. Eh! bien, vous me croirez si vous voulez, nous étions tous réunis dans la cave de mon immeuble et y avait des jeunesses qui trouvaient encore moyen de nous faire rire.

« C'est tout de même pas rigolo d'être gothassés, » qu'elles disaient.

Pourtant je vous assure que dans son par-dedans on n'avait pas le sourire.

Les premières bombes tombèrent vers onze heures trente, mais c'est à partir de minuit que c'est devenu le plus terrible. Nos petiots se serraient contre nous en pleurant quand tout à coup une grande lueur rouge illumina les soupiraux de la cave, en même temps que retentissait une formidable explosion ; c'étaient des bonbonnes d'alcool qui avaient éclaté.

— Y a-t-il eu beaucoup d'accidents de personnes?

— Quelques-uns. Tout près de chez nous un jeune homme en quittant sa cave pour aller chercher un cache-nez oublié dans sa cour a été atteint par un éclat de bombe.

Quelques cas bizarres:

Dans une institution, une torpille pénétra dans un dortoir où reposaient deux cents enfants. Pas un n'eut une égratignure.

Un obus, traversant une chambre où dormaient deux bébés, sans leur faire de mal, alla s'enchâsser dans le mur d'en face.

Par contre un engin faucha d'un coup une centaine d'arbres fruitiers.

Ailleurs, un engin y fit à lui seul beaucoup d'odieuse besogne, décapitant un concierge, M. Ernest Patrot, devant la porte de l'immeuble dont il avait la garde; éventrant un passant, M. Désiré Levacher, et saccageant un café-restaurant que le propriétaire et toute sa famille venaient de quitter pour se réfugier dans les caves.

Heureusement beaucoup de bombes se perdirent dans des terrains vagues sans exploser.

Un pirate descendu.

Vers minuit quinze, un avion de l'escadrille 464, ayant à bord le sergent Vergnes et le mitrailleur F. Billard, le dessinateur humoriste, montait la garde à trois mille mètres, du côté de Vincennes, lorsqu'il aperçut un avion isolé, très grand. Vite, un virage pour permettre à Billard d'envoyer, presque à bout portant, six balles à l'ennemi. Celui-ci lâcha aussitôt ses bombes qui tombèrent dans des champs et son avion, un D. F. W. commença à brûler. Il se posa à Vaires-sur-Marne, où l'équipage fut capturé, Billard avait placé deux de ses balles dans le carter et le tube d'admission.

Les prisonniers, le pilote et le bombardier, âgés de dix-huit et dix-neuf ans, n'avaient point l'air fâché de s'en tirer à si bon compte. Ils reconnurent que leur appareil s'était enflammé au-dessus de Vincennes.

Voici le texte exact de l'ordre de bombardement du 29 janvier 1918 qui, après le premier raid de cette année sur Paris, fut trouvé sur le pilote de l'avion descendu le 30 à Vaires.

ORDRE. — *Etant donné que malgré les protestations réitérées et les menaces d'exécuter des représailles, les bombardements ennemis ont été entrepris ces temps derniers sur les villes ouvertes allemandes (Manheim ,Lahr, Fribourg) sur l'ordre du haut commandement, le groupe d'escadrilles attaquera la forteresse de Paris.*

On devra seulement choisir comme objectifs les gares, ainsi que les bâtiments publics à l'usage militaire (ministère de la guerre, grand état-major, ministère de la marine, magasins d'approvisionnements, casernes, etc.).

On devra épargner les hôpitaux, les églises et les bâtiments ayant un intérêt artistique.

Au groupe d'escadrilles (Kaupfgesschmader) N°... du haut Ct — Détachement 1 a — Journal n° 934.

Kaupfgesschmader n° 2. — O. H. L.

Un avion place de la Concorde.

Un accident d'avion français fut enregistré dans la nuit. La maréchal des logis Sachot, accompagné du quartier-maître Le Juge, eut une panne de moteur à basse altitude au-dessus de Paris. Ne pouvant atteindre la banlieue il dut choisir pour atterrir un endroit propice dans la capitale. C'est ainsi qu'il essaya de se poser sur la place de la Concorde. Ce ne fut pas sans avarie : Sachot fut blessé grièvement et Le Juge eut une fracture à la base du crâne.

Nombreuses victimes du raid du 30 janvier.

Neuf bombes furent jetées sur le quartier du Val-de-Grâce. Deux d'entre elles n'éclatèrent pas. Le nombre des victimes fut considérable. C'est la bombe tombée devant le 18 de la place d'Italie qui fut la plus meurtrière. Dans cet immeuble, madame Duclu, madame Leroye, M. Blumel furent tués. madame Moreau, infirmière au Val-de-Grâce, madame Moser, madame Lassale, concierge de l'immeuble, n'eurent heureusement que des blessures. Un bébé Jean Bodet, neuf mois, a été tué 9, rue Jean-Dolfus, où habitaient ses parents. D'autres bombes tuèrent M. et madame Juchem, 16, rue Claude-Tillier; M. Marcel Besson, M et madame Priolat, M. Feugas, 56 boulevard de Picpus ; madame Fremont, madame Maublanc, madame Kulm, 54 boulevard de Neuilly ; dans cette maison également le docteur Salmon, ancien conseiller municipal fut mortellement atteint.

Au 9 de la rue Alexandre-Parodi, un incendie se déclara chez M. Sapane, hôtelier. Il fut rapidement éteint par les pompiers.

Au 17, une torpille éclata dans la cour de l'école maternelle, naturellement vide à cette heure ; elle défonça le sol et renversa les murs.

Toujours dans le même arrondissement, quatre bombes tombèrent : l'une blessant M. Louis Carrant, quarante-neuf ans concierge. Une seconde, après avoir traversé la toiture d'une remise appartenant à M. Blanc, éclata et blessa madame Luca, sa fille, et madame Casset.

Sept bombes atteignirent la place de Bitche près de la caserne des pompiers. Un jeune homme de vingt ans fut tué.

Au Cours de Vincennes, à hauteur du n° 95, plusieurs bombes causèrent la mort de cinq personnes : deux gardiens de la paix, M. Antoine Battisti, vingt-huit ans, M. Collignon, quarante ans, M. Paper, architecte, M. Auguste Dubief, soldat à la 22e section des commis-ouvriers, M. Raphaël Joubert, trente ans, bijoutier.

Le docteur Salmon avait, dès les premières explosions, quitté son domicile pour aller porter secours aux victimes de l'attentat boche. Il venait d'atteindre le vestibule de son immeuble et allait gagner la rue, lorsque la déflagration d'une bombe tombée sur la chaussée à quelques mètres de là, arracha la porte de l'immeuble et la projeta avec violence sur l'ancien conseiller municipal qui fut littéralement écrasé. Relevé mourant, transporté à l'hôpital Saint-Antoine, il expira peu après son arrivée.

Devant le n° 60 du boulevard Saint-Michel, M. Max, ingénieur des mines, qui descendait de fiacre devant l'École des Mines, atteint lui aussi par les éclats d'une bombe explosant sur la chaussée, succomba à ses blessures.

Les engins.

D'après les constatations faites tant par le laboratoire municipal que par les services d'artillerie du gouvernement militaire de Paris, les Allemands ont fait usage, au cours de leur raid, de trois types de projectiles bien différents : des bombes, des torpilles et des bombes incendiaires.

Les torpilles sont de beaucoup les plus redoutables et les plus puissants de ces engins : elles mesurent un mètre cinquante-quatre de haut, mais aucun projectile n'était à gaz asphyxiant, suffocant, lacrymatoire ou vésicant.

Tous les explosifs étaient nitrés, les uns à la tollite, les autres à l'exanhydre. Le poids des bombes variait entre dix, cinquante et cent kilos. Ces dernières pouvaient traverser plusieurs étages.

Voici, par arrondissement, d'après la préfecture de police les points de chute du raid du 30 janvier 1918 :

124, rue Rambuteau (1er). — 2 et 4, rue Montorgueil (1er). — 15, rue de Choiseul (2e). — 46, rue Tiquetonne (2e). — 51, rue Montorgueil (2e). — 31, rue Turbigo (2e). — 85, rue Réaumur (2e). — 22, rue Saint-Sauveur (2e). — 28, rue Saint-Sauveur (2e). — 47, rue Saint-Sauveur (2e). — 47 rue des Tournelles (3e). — 60, boulevard Saint-Michel (6e). — 5, rue Bonaparte (6e). — 6, rue de Seine (6e). — 31 et 33, rue Vaneau (7e). — 3, rue des Saussaies (8e). — 2, rue d'Athènes (9e). — 3, rue d'Athènes (9e). — 20, rue de Clichy (9e). — 7, rue Pierre-Dupont (10e). — 9, rue Alexandre-

Parodi (10e). — 179 *bis*, quai de Valmy (10e). — 203 et 205, quai de Valmy (10e). — 9. passage Sainte-Anne-Popincourt (11e). — 23, rue de Chemin-Vert (11e). — 46, rue Saint-Sabin (11e). — 38, rue Amelot (11e). — 100-102, Cours de Vincennes (12e). — 52, rue du Rendez-Vous (12e). — 64. rue du Rendez-Vous (12e) — 87, boulevard de Picpus (12e). — 107, boulevard Diderot (12e). — 16, rue Claude-Tillier (12e). — Chemin de fer de Ceinture (station Claude-Decaen) (12e). — 54, boulevard de Reuilly (12e). — 218, avenue Daumesnil (12e). — 231, avenue Daumesnil (12e). — 17, rue de Reuilly (12e). — Hôpital Saint-Antoine (12e). — 12 et 18. place d'Italie (13e). — 111, rue Broca (Hôpital Broca) (13e). — 111, boulevard de Port-Royal (13e). — 5, rue de Saïgon (16e). — 19, avenue du Bois-de-Boulogne (16e). — 16, avenue de la Grande-Armée (17e). — 9, rue Jean-Dolfus (18e). — 230, rue Marcadet (18e). — 154, rue de Crimée (19e). — Place de Bitche (19e). — 41 *bis*, quai de la Loire (19e). — 88 et 90, quai de la Loire (19e). — 98, quai de la Loire (19e). — 98, rue des Annelets (19e). — 118, rue Haxo (19e). — Parc des Buttes-Chaumont (19e). — Rue de Cambrai (usine à gaz) (19e). — 31, rue de Cambrai (magasins généraux) (19e).

— 66, rue Curial (19e). — Carrefour Curial (19e).
— Rotonde de la Villette (19e). — 44, rue d'Haut-
poul (19e). — 4, rue Fessart (19e). — 2, passage
Courbet (19e). — 11, impasse Lafontaine (19e). —
41, rue Petit (19e). — 296, rue Belleville (20e).

Les points de chute dans la banlieue parisienne
furent les suivants :

A Aubervilliers : Magasins Généraux. — 84, rue
des Cités. — 147, rue de la Goutte-d'Or. — 81, rue
Saint-Denis. — 10, rue de la Haie-Coq. — 102, rue
Hentoult.

A La Courneuve : 7, rue Raspail. — 17, rue de
Pantin.

A Colombes : 4, rue Pierre-Curie. — 130, rue
Félix.

A Ivry : 9, rue de Paris. — 13. rue de Paris. —
15, rue de Paris. — 62, quai d'Ivry. — 69, quai
d'Ivry.

A Montreuil : Carrefour des rues de la République et de Saint-Mandé. — 58, rue de la République.

Au Pré-Saint-Gervais : 51 et 55, Grande-Rue.
— 6 et 12, rue Ledru-Rollin. — 42, 48, sente des
Cornettes. — Sente des Cornettes, dans un champ.
— 23, rue des Baudin.

A Pantin : 16, rue Delisy. — Rue du Chemin-
de-Fer. — Usine David et Desouches.

A Bobigny : 1, route des Petits-Ponts. — Rue Jean-Jaurès, aux Six-Routes.

A Nanterre : Aven, des Deux-Lignes (Société Française de Réparation pour l'Aviation).

A Epinay : 14, avenue de la République. — Chemin des Lorris (propriété Fatignet, au lieu dit Croix-Saint-Médard). — A 200 mètres en aval du pont d'Epinay. — Chemin de halage, direction d'Argenteuil.

A Stains : 3, route d'Amiens. — Boulevard d'Aubervilliers. — Impasse L'Ecuyer.

A Saint-Denis : Usine Delaunay-Belleville. — 204, avenue de Paris (usine Mouton). — Magasins Généraux. — Rue du Landy (usine Dyle et Bacalan). — Impasse de La Mont-Joie (Comp^ie Marseillaise de savons). — Rue de La Mont-Joie (Tréfilerie Bourdon). — Avenue de Paris (usine Martin). — Etablissements de la Légion d'honneur.

A Saint-Ouen : Cimetière Parisien. — 2, rue Pauline. — 190, avenue Michelet. — 7, rue Eugène-Berthoud. — Rue Vincent. — Boulevard de Lorraine (angle de la rue Morel). — Rue Ardoin. — 10, rue Latérale. — 142, 144, 173, boulevard Victor-Hugo.

A Saint-Mandé : 60 et 66, rue de la République.

— Angle des rues de la République et Bérul. — Place de la Tourelle.

A Fontenay : 6, rue du Châtelet. — 28 et 33, rue de Rosny. — 26 et 31, rue Guérin-Leroux. — 5 et 18, rue du Parc. — 3, rue Baschot.

XII

Onzième raid aérien.

A propos de ces raids aériens, un journal disait :
« Ces crimes ne peuvent pas affaiblir le moral
irréductible des alliés ; mais ils peuvent servir,
sans doute, à remonter le moral défaillant de la
nation allemande. Celle-ci est nourrie, à défaut de
pain et de viande, de récits de victoires et d'histoires de sang. Sur une population affamée et in-
quiète, le mirage d'un bombardement de Paris
peut être une diversion efficace. Le raid d'aujour-
d'hui sera une diversion aux grèves croissantes
et aux émeutes de Berlin. »

Au lendemain du dernier attentat, le gouvernement allemand publiait dans ses communiqués
qu'il s'était résolu à donner l'ordre de bombarder
Paris à la suite de raids exécutés par nos escadril-

les sur les villes allemandes qualifiées d'ouvertes.

Le gouvernement français voulut alors donner une grande preuve de ses sentiments d'humanité. Désirant contribuer par son exemple à la disparition de ce sauvage procédé de guerre, il décida qu'il n'y aurait point de représailles sur les villes allemandes. Il n'y en eut point. Le communiqué officiel en fait foi.

Il est vrai que des avions anglais se sont livrés à des attaques sur des objectifs militaires en territoire allemand. Mais à aucun moment depuis le 30 janvier nos aviateurs n'ont attaqué une ville ouverte allemande.

Donc l'agression du 8 mars 1918 est injustifiable.

Cette attaque aérienne allemande fut menée avec des forces considérables. Dix à douze escadrilles d'avions de bombardement se succédèrent, suivant dans leur marche vers Paris les vallées de l'Oise et de la Marne, ainsi que la ligne de chemin-de-fer de Creil à Paris.

L'alerte fut sonnée à 20 houres 37, précédée par les trois coups de canon d'alarme ; le feu de notre artillerie fut ouvert à 20 heures 54 et de violents barrages provenant de tous les postes des régions nord et nord-est ont été maintenus sans interruption jusqu'à la fin de l'alerte.

Les avions de la défense du camp retranché prirent l'air au nombre de soixante et un.

Notre défense aérienne repoussa un nombre important d'appareils ennemis avant qu'ils aient pu atteindre Paris, et une certaine quantité de bombes furent jetées par l'ennemi sur des terrains inhabités de la banlieue.

Les points de chute des bombes, tant sur Paris que sur les localités de la périphérie, furent de beaucoup moins nombreux que lors du précédent raid. Ces résultats s'expliquent non seulement par la mise en œuvre de nos divres moyens de protection (avions, artillerie, projecteurs, etc.), mais encore par le sang-froid avec lequel la population exécuta les diverses consignes de protection qui lui avaient été conseillées. Au moment du raid, notre aviation du front, qui se tint constamment en liaison étroite avec celle du camp retranché, alla bombarder des aérodromes de départ ennemi, notamment à la Ville-au-Bois et à Epreux.

Le nombre exact des victimes du bombardement du 8 mars 1918 s'éleva pour Paris à 7 tués, dont 3 hommes et 4 femmes ; 26 blessés, dont 16 hommes, 7 femmes et 3 enfants.

En banlieue, 4 tués, dont 3 hommes et 1 enfant ; 15 blessés, dont 7 hommes, 7 femmes et 1 enfant.

Un certain nombre de bombes tombèrent sur le département de Seine-et-Oise, où il y eut 2 morts et 9 blessés.

Le onzième raid aérien des Allemands sur Paris — car depuis 1914, c'était le onzième — n'a exercé aucune influence sur le moral de la population. Comme le lendemain du raid était un dimanche, la foule s'est rendue, nombreuse, aux endroits où les engins boches s'étaient abattus, manifestant une profonde pitié pour les victimes, une réprobation indignée contre les hommes des gothas. C'est bien mal connaître Paris que de le supposer accessible à la crainte.

Et la preuve, c'est que dans tous les théâtres et les cinémas, ainsi qu'il en avait été décidé, dès que l'alerte fut donnée, les régisseurs avertirent le public que les avions ennemis se préparaient à survoler la capitale. Dans presque tous ces établissements la représentation continua, au milieu du plus grand calme.

Le début de l'alerte ayant eu lieu à l'heure où de nombreux clients prenaient leur repas dans les restaurants, ceux-ci achevèrent sans hâte leur dîner.

Sur les boulevards où la plupart des becs de gaz avaient été éteints, les passants se dirigeaient à tâtons vers leur domicile.

De nombreux soldats, habitués de longue date au bruit du canon et aux projectiles ennemis, accueillaient par des chants la venue des gothas. Sur la bordure d'un trottoir, un tommy, le nez en l'air, sifflait l'air de *Tipperary* et attendait les événements avec un flegme bien britannique.

A minuit trente, à peine le raid terminé, M. Poincaré, accompagné de plusieurs membres du gouvernement, se transporta sur les lieux où les dégâts les plus graves avaient été causés. Il ne manqua jamais d'ailleurs, par la suite, après chaque incursion d'aviateurs allemands sur Paris et la banlieue d'aller rendre visite aux victimes de la barbarie teutonne.

De son côté, dès 8 heures du matin, M. Clémenceau, président du Conseil, accompagné du général Mordacq, visita les principaux points sinistrés, entre autres rue Geoffroy-Marie, qu'il avait vu déjà, durant la nuit, peu après la déflagration. Le ministre de la guerre, pendant près d'un quart d'heure, contempla en silence l'affreux spectacle ;

puis, regagnant, à travers la foule qui se découvrait respectueusement devant lui, son automobile, il se dirigea vers les autres quartiers de la ville où les Boches avaient accompli leur œuvre de dévastation et de mort.

Beaucoup de personnes ayant, cette fois encore, quitté leur domicile, poussées par la curiosité, le bureau du Conseil municipal a appelé de la façon la plus pressante l'attention de la population sur le danger qu'il y avait en cas d'alerte, à séjourner dans la rue.

XIII

Un gotha abattu à Compiègne.

L'un des appareils qui se dirigeaient sur Paris a été abattu vers 21 heures 15.

Sur ce point, les avions allemands devaient franchir un barrage extrêmement nourri, et l'un de nos postes cessant brusquement de percevoir le ronflement d'un avion bimoteur, c'était la chute probable, presque certaine.

Au point du jour, des recherches méthodiques furent entreprises en forêt. Dans une haute futaie, l'appareil gisait, fort abîmé, mais point entièrement détruit.

Les ailes étaient brisées, les moteurs enfoncés dans le sol, légèrement sablonneux, la nacelle n'était plus qu'un fouillis de morceaux de métal et de bois sous lequel se trouvaient un pilote et un mitrailleur, horriblement écrasés. Mais il n'y a eu ni incendie ni éclatement de bombes à l'arrivée ; les passagers ont pu en libérer quelques-unes qui se sont perdues en forêt pendant leur chute, et les autres, trouvées sous les débris, n'avaient pas explosé. L'appareil, piquant du nez, était passé entre deux arbres, qui ne portaient aucune trace de choc.

Mais à terre, à 5 mètres de l'avion, un corps était étendu à plat-ventre, les jambes disloquées, la figure enfouie dans le sol. C'était le commandant de l'escadrille, qui avait voulu sauter ou qui avait été projeté hors de l'appareil avant d'atteindre la cime des arbres. On voyait les traces de son passage aux quelques branches cassées, qui n'avaient pu amortir sa chute.

A dix pas plus loin, on découvrit encore couché sur le dos, le deuxième mitrailleur, les reins et les membres brisés, la tête, rejetée en arrière, était un peu aplatie ; la figure tuméfiée exprimait l'angoisse et l'horreur.

L'appareil, un *Friedrichshafen* nouveau modèle, était muni de deux moteurs de 250 chevaux, actionnant chacun une hélice.

Un démenti : les dépêches officielles allemandes

ont annoncé qu' « en représailles des attaques ennemies sur les villes ouvertes de Trèves, Mannheim
et Pinnasens, les 19 et 20 février, nos aviateurs
ont de nouveau bombardé Paris dans la nuit du
8 au 9 mars et obtenu de bons résultats. »

L'affirmation allemande était un pur mensonge.
Aucun avion français n'avait bombardé ni Trèves,
ni Mannheim, ni Pinnasens.

Voici la liste officielle des points de chute des
bombes de gothas au cours du raid du 8 mars 1918.

A Paris : 5, rue Geoffroy-Marie (9e). — 66, rue
Faubourg-Poissonnière (10e). — 20, rue Jean-
Robert (10e). — 2, rue Drouot (9e). — 15, rue
Laffitte (9e). — 67, avenue la République (11e). —
43, boulevard Soult (12e). — 33, rue La Condamine (17e). — 38, rue Nollet (17e). 101 et 103, rue
de la Chapelle (18e). — 30, rue Nollet (17e). —
211, avenue Daumesnil (12e). — 35, rue de
l'Evangile (18e) — 22, cité Trévise (9e). — 77,
avenue de la République (11e). — 36, rue Gode-
froy-Cavaignac (11e). — 7, passage Maurice (11e).
— 6, passage Rochebruue (11e). — 39, boulevard
de Reuilly (12e). — 32, rue de Trévis (10e) — 74,
boulevard de Reuilly (12). — 41, boulevard de
Reuilly (12e). — 6, rue de Kabylie (19e). — 27, rue
Ramponneau (20e). — 25, rue Saint-Bernard (11e).

XIV

60 gothas ont attaqué Paris.

Les bombardements aériens répétés auxquels l'état-major allemand s'est livré sur Paris faisaient certainement partie d'un plan d'offensive morale, qu'il est aisé de deviner.

Le premier avion prussien qui apparut au-dessus de Paris, le 30 août 1914, lançait, en même temps qu'une bombe, une proclamation portant ces mots : « Parisiens, rendez-vous ; l'armée allemande est à vos portes. Nous venons d'anéantir les Russes dans une bataille décisive à Tannenberg. » Pas davantage ! Qu'ont cherché les Allemands avec leurs raids aériens ? A influencer notre moral en tuant le plus de monde possible.

D'ailleurs, le fait n'est pas nouveau : les Allemands ont agi durant cette guerre comme en 1870-71. Les mêmes sentiments animaient toujours ce peuple de proie. « Que m'importe d'être haï, si je suis redouté! » disait Bismarck. Ce fut encore leur même cri de guerre.

L'auteur de la dépêche d'Ems dictait quotidiennement à son secrétaire des sujets d'articles, quelquefois même il les développait. Il estimait que le *moment psychologique* était venu. On ne parlait pas encore du *dernier quart d'heure*. Mais la formule de Bismarck devançait celle de Nogi.

Le moment psychologique, c'est-à-dire l'instant où la fatigue, les souffrances aidant, il suffit, pour que l'énergie s'affaisse, d'un événement, d'un coup bien porté au bon endroit, à l'heure la plus favorable.

Le bombardement de Paris apparaissait donc à Bismarck, lorsque le siège traînait en longueur, comme un des moyens suprêmes d'action déterminante. Il résumait ainsi sa thèse : Lorsqu'on veut faire peur, il ne faut pas « dévaster avec modération ».

Le gouvernement allemand, les journaux et la majorité du peuple n'ont jamais pensé autrement au cours de la dernière guerre.

Mais la tentative de l'ennemi féroce fut inefficace, car le moral parisien n'a jamais baissé ; au

contraire, la haine a monté, la haine qui, longtemps encore après la guerre, ne devra pas par-
donner.

Un nouveau raid d'avions allemands eut lieu
sur Paris dans la nuit du 11 mars 1918.

C'était le vingt et unième.

Voici la liste exacte des vingt expéditions précédentes effectuées soit de jour soit de nuit, soit
par avions ou par dirigeables :

1914

			TUÉS	BLESSÉS
30 août............	1 avion	(jour)	1	4
31 —	1 —	--	»	»
1er septembre.....	2 —	—	1	16
2 —	3 —	—	1	3
3 —	2 —	—	»	»
26 —	1 —	—	1	2
8 octobre	1 —	--	»	3
11 —	2 —	—	5	25
12 —	1 —	—	»	»

1915

20 mars..........	Zeppelins (nuit)		1	7
11 mai	1 avion	(jour)	»	7
22 —	1 —	—	»	»
24 —	2 —	—	»	»
28 —	6 —	—	»	»

1916

		TUÉS	BLESSÉS
23 janvier........	Zeppelins (nuit)	75	32
30 —	— —	»	»

1917

27 juillet........	1 avion (nuit)	»	1
28 —	Plus. av —	Arrêtés en banlieue	

1918

30 janvier........	4 escadr... —	32	207
8 mars	10 escadr... —	27	50

Neuf escadrilles allemandes participèrent à l'attaque aérienne nocturne du 11 mars 1918 sur l'agglomération parisienne.

L'alerte n° 2 donnée à 21 heures 10 cessa à minuit 15. Près de soixante avions ennemis parvinrent à franchir nos lignes. Grâce à nos barrages d'artillerie, maintenus pendant toute la durée du raid avec une grande intensité, un certain nombre d'appareils ne purent atteindre leurs objectifs. Cependant de nombreuses bombes furent jetées tant sur Paris que sur la banlieue. Plusieurs immeubles ont été démolis ou ont pris feu.

Les escadrilles ennemies suivirent deux itinéraires principaux : d'une part, entre l'Oise et l'Ourcq ; d'autre part, entre les lignes des chemins de fer Creil-Paris et Soissons-Paris.

Les deux derniers raids sur Paris ont été les expéditions les plus importantes qu'ait entreprises jusqu'à présent l'aviation de bombardement allemande.

Le temps légèrement brumeux au sol, avec vent faible et ciel étoilé, augmentait les difficultés d'orientation. Il était possible néanmoins aux avions ennemis, en se guidant à la boussole et en suivant les reflets d'eau des rivières et ceux des rails de chemins de fer convergeant vers la région parisienne, de parvenir approximativement au but de l'expédition.

Cette offensive aérienne avait, avec l'obscurité complète, l'avantage de pouvoir échapper plus aisément aux moyens de défense accumulés autour de Paris.

Ceux-ci étaient de plusieurs sortes. Les principaux comprenaient le canon et l'avion, les projecteurs qui avaient pour tâche de localiser la position des appareils ennemis, et les filets aériens tendus.

Pendant le raid, nos avions de bombardement exécutèrent une contre-offensive extrêmement vigoureuse sur les aérodromes de départ ennemis, sur lesquels 5.800 kilos de projectiles furent lancés et l'on peut observer que le but proposé avait été atteint.

Au cours de ce raid sur la capitale, quatre avions allemands furent abattus : deux dans la région de Château-Thierry, un près de Meaux et un près de Soissons.

Trois de ces appareils étaient du type « gotha » et le quatrième un biplace ordinaire.

L'un des trois gothas a été carbonisé ; le pilote et les passagers qui le montaient furent brûlés vifs. La plupart du personnel des autres équipages s'en tira avec de légères blessures.

Les victimes de cette sauvage attaque atteignirent un chiffre élevé. Dans Paris, on compta 29 personnes tuées et 50 blessés ; en banlieue, 5 tués et 20 blessés. A ces nombres il faut ajouter les victimes de l'accident du Métro à la station Bolivar qui furent de 60 tués et 31 blessés.

De l'enquête ouverte pour établir les causes de la panique qui se produisit à l'intérieur de la station métropolitaine, il résulte que l'affolement du public en fut la cause première.

Y a-t-il eu, comme certains l'ont prétendu, un cri poussé de bonne ou de mauvaise foi, par quelqu'un signalant des gaz asphyxiants ? C'est assez peu probable.

La version qui a prévalu, corroborée d'ailleurs par des témoignages sérieux, c'est qu'au moment de l'alerte, nombre de personnes se sont, sans que la moindre bousculade ait eu lieu, réfugiées à l'intérieur de la station ; d'autres étaient demeurées sur le terre-plein et dans les environs.

Lorsque les coups de canon de la défense se succédèrent plus rapidement, et quand on entendit tomber au loin les premières bombes, la foule comprit tout à coup que le danger devenait imminent : quelques femmes, prises de frayeur, se précipitèrent dans l'escalier intérieur, entraînant derrière elles une véritable marée humaine.

Or, ceux qui descendaient en trombe se heurtèrent à des portes s'ouvrant du dedans au dehors et que la foule qui se pressait derrière les empêchait de tirer vers eux, d'où il en résulta un premier écrasement ; puis, sous la poussée toujours plus forte, les portes cédèrent, et ce fut la collision terrible : les chutes de quelques-uns provoquèrent d'autres chutes et le mouvement d'oscillation se répercutant jusqu'au second escalier, il y eut là des personnes qui tombèrent et furent foulées et étouffées, principalement des femmes et des enfants.

Depuis, par ordre, on enleva les portes des stations-abris.

L'hôpital Claude-Bernard, dans le 19e arrondissement, fut particulièrement atteint par les bombes, qui y tuèrent 6 personnes et en blessèrent 7.

Parmi les spectacles les plus réconfortants donnés en cette nuit tragique il importe de rappeler le dévouement admirable des Sociétés de secours. Bravant le danger, leurs membres répondirent sans la moindre hésitation à toutes les demandes qui leur furent adressées par les autorités ou les particuliers.

Dans cette noble émulation, les sociétés américaines ont rivalisé de courage et d'abnégation. Nous leur devons aussi un témoignage d'ardente reconnaissance.

Comme l'a relaté le communiqué officiel, quatre appareils allemands furent abattus à la suite du raid du 11 mars : deux aux alentours de Château-Thierry, un troisième à Mareuil-sur-Ourcq et un autre près de Soissons.

Les deux premiers tombés furent, l'un à Essôme, petite commune à un kilomètre six cents de Château-Thierry, le second à Etrépilly, à cinq kilomètre de la même ville.

Du gotha d'Essôme, il ne restait que des débris calcinés. Une aile était entièrement détruite par le feu. De l'autre aile et de la queue de l'appareil il ne subsistait que la carcasse noircie ; moteurs et réservoirs s'étaient enfoncés dans le sol, car, sectionnant, comme au couteau, deux grands arbres au passage, l'avion s'était écroulé dans un champ, à peu de distance de la Marne.

C'est à onze heures et demie que le pirate fut abattu. On retrouva carbonisés les passagers qui le montaient, sauf le capitaine qui, fait prisonnier, mourut dans la matinée à l'Hôtel-Dieu de Château-Thierry.

La capture et les derniers moments de cet officier eurent quelque chose d'assez dramatique. Après s'être dégagé de l'appareil en feu, le capitaine s'enfuit à travers la plaine, les vêtements enflammés. Un soldat français qui se trouvait près de là, selon son expression, « se roula sur lui », à terre pour éteindre les flammes qui l'environnaient.

Dans le même moment, un général, commandant d'étapes, qui passait en auto dans la région et qui avait vu la chute de l'appareil, accourut, recueillit le blessé et le fit transporter à l'hôpital.

Là, l'état de l'officier allemand fut jugé désespéré. Les jambes, le bas-ventre, les mains dont les ongles se détachaient et dont la peau pendait par lambeaux, étaient couverts de brûlures. Il souffrait atrocement, mais se raidissait contre la douleur, montrant une fermeté qu'il convient de reconnaître. Alors entre le capitaine allemand et l'officier supérieur français s'engagea le dialogue suivant.

Comme l'officier boche demandait qu'on « le soignât bien » :

— Vous êtes blessé, répondit le général ; un blessé est sacré pour nous Français... Nous voudrions être assurés que les nôtres sont aussi bien soignés chez vous. Pour ne pas vous fatiguer, ajouta le général, je voudrais ne vous poser que quelques questions. Vous aviez une mission à remplir. L'avez-vous remplie ou alliez-vous l'accomplir ?

— Je l'avais accomplie, général.

— Etes-vous allé sur Paris ?

— Oui, général.

— Mais, malheureux, vous avez tué des femmes, des enfants !

— *J'avais l'ordre.*

Une chose surtout paraissait préoccuper le chef pirate, dans son triste état même, c'est qu'on eût pour lui les égards que lui valait son grade. « Je suis officier ! répétait-il. Je suis officier! » et il montrait une poche de sa vareuse dans laquelle on retrouva peu après ses papiers d'identité placés dans un petit portefeuille de cuir neuf, portant encore une étiquette avec le prix : 23 fr. 50

L'on apprit ainsi que c'était le capitaine Schœbler, Bavarois, né à Munich. Il portait du linge fin, des vêtements cossus. Il avait au doigt une bague ornée d'une pierre noire et d'un écusson.

Comme le général lui demandait encore à quelle escadrille il appartenait :

— Cela, dit-il, je ne puis pas le dire.

Mais l'on sut quand même, peu après, qu'il commandait la 3ᵉ escadrille de la 7ᵉ armée.

Quant à son appareil, c'était un gotha de l'avant-dernier modèle, à hélice propulsive — ceux du dernier modèle avaient l'hélice à l'avant. D'une trentaine de mètres d'envergure, il portait deux moteurs à six cylindres. Une plaque sur le moteur portait les inscriptions suivantes :

Fabrication, 200.

Type...

Zechnung, 47.726.

Wassermhalt. 15-L.

Kuhlflæche, 2759. m.

Durchflusszeit. 1.001. 25. 3 k.

L'autre appareil, celui d'Etrépilly, était moins détérioré. Tombé au milieu d'un petit bois, le bois du Domaine, près de la ferme Souillard, sur le territoire de la commune d'Etrépilly, vers onze heures. après avoir mis le feu à leur gotha, détruit ou caché de côté et d'autre aux alentours différents accessoires, des browning, etc., les trois hommes qui montaient l'avion, un sous-lieutenant, un aspirant et un sous-officier, s'enfuirent à travers bois et rôdèrent par la plaine jusqu'à deux heures du matin, heure à laquelle ils se heurtèrent à un poste de gendarmes, sur la route de Soissons.

Ils firent « kamarade », et furent emmenés à la maison d'arrêt de Château-Thierry. Là, dans la journée, un commandant de l'état-major des armées du Nord vint les interroger. Le lieutenant, long, sec et hargneux, avait l'arrogance de rigueur. Ils prétendirent que, venus simplement jusqu'à Meaux, ils durent faire demi-tour, un de leurs moteurs ayant des ratés. Ils lâchèrent leurs bombes au-dessus des terres. Près de Château-Thierry, l'autre moteur ayant calé, ils cherchèrent à atterrir.

Mais une constatation faite ultérieurement parut démentir leurs assertions. Le réservoir à l'huile avait été crevé par des éclats d'obus. Sans doute, les aviateurs ne s'aperçurent pas de l'avarie, et c'est elle qui provoqua l'arrêt des moteurs. La même constatation a d'ailleurs été faite sur l'autre avion. Il semblerait donc résulter que c'est bien au tir des canons anti-aériens que l'on doit la chute des deux gothas.

Ce n'est qu'à huit heures et demie du matin, après de longues recherches, que l'avion d'Etrépilly fut découvert par les gendarmes. Il gisait, en partie brûlé, au milieu des jeunes arbres brisés par sa chute, les deux ailes étendues, encore recouvertes par place de leur toile gris-bleu gommée, les reservoirs défoncés, la nacelle émergeant d'un fouillis de fils de fer et d'étroits tuyaux de cuivre, la queue de l'appareil accrochée à un arbuste plus fort.

Deux aviateurs, deux sous-officiers appartenant à l'équipage de l'appareil abattu à Marcuil-sur-Ourcq, rejoignirent leurs compagnons dans la prison de Château-Thierry; un troisième, blessé, fut conduit dans un hôpital de la région.

M. Raymond Poincaré qui, au cours de la nuit, s'était fait tenir au courant, heure par heure, des résultats du nouvel attentat de nos ennemis, quitta l'Elysée un peu avant huit heures du matin pour aller visiter les endroits les plus éprouvés et apporter aux victimes du raid le témoignage de sa sympathie.

Sur les différents points de Paris où il s'est rendu

et qui ont plus particulièrement souffert du bombardement, le président de la République a pu se rendre compte que les mesures les plus minutieuses avaient été prises afin de parer au plus pressé, éviter des accidents et secourir ceux des sinistrés qui en avaient le plus urgent besoin.

Rentré à l'Elysée à dix heures, pour y présider un conseil des ministres, M. Poincaré a repris, vers deux heures de l'après-midi, sa visite forcément interrompue.

Il a vu dans divers hôpitaux où elles sont soignées, la plupart des personnes qui furent blessées au cours de la nuit précédente. Il a salué avec émotion les corps des deux gardiens de la paix tués à leur poste, victimes du devoir, les agents Léon Couillard et Armand Beau, et remis à leur collègue, le gardien Alexis Thomas, amputé des jambes et atteint de cécité par l'explosion d'un engin, la médaille militaire.

De son côté, M. Abel Favre, sous-secrétaire d'État au ministère de l'Intérieur, avait visité, au cours de la nuit et pendant toute la matinée du 12, les endroits de Paris et de la banlieue où étaient tombés des engins, veillant à ce que les services d'ordre et les secours fonctionnent avec régularité et promptitude.

A la séance de rentrée du Conseil municipal, en prenant place au fauteuil, le président, M. Adrien Mithouard, a débuté par une allocution dans laquelle il a prononcé l'éloge funèbre de M. Salmon, « mort victime d'une bombe allemande ».

Puis, parlant des deux dernières incursions aériennes allemandes, M. Mithouard a dit :

« Messieurs, qu'ajouterai-je à l'expression des sentiments d'indignation et d'horreur qu'ont suscités en nous les deux derniers attentats de la barbarie allemande ? Toutes les circonstances se trouvent réunies qui peuvent rendre un tel crime entre tous exécrable. C'est un crime aveugle et lâche, puisqu'il a frappé sans discernement des femmes, des enfants, des vieillards, des malades. C'est un crime hypocrite puisqu'il a jugé nécessaire de se colorer du prétexte mensonger de représailles ; c'est un crime inutile puisque aucun objectif militaire ne l'explique ; c'est un acte stupide puisqu'il va à l'encontre du but même que se propose l'ennemi. Combien les Allemands nous connaissent mal pour croire que le moral de Paris puisse être à la merci d'un infâme chantage ! Qu'ils sachent donc, puisque leurs espions les renseignent si mal, que chaque nouvel attentat ajoute encore à nos résolutions : que Paris dans son deuil est fier de prendre sa part des périls et des douleurs de la France combattante, et que ni la France ni Paris n'oublieront. Enivrés par une facile victoire, ils croient pouvoir impunément violer toutes les lois divines et humaines. Mais on ne s'abandonne point en vain à tous les excès et à toutes les fureurs : une force veille au cœur des choses qu'on l'appelle Némésis, Justice immanente ou Providence, qui, tôt ou tard, entre en ligne, punit le crime, venge l'innocence et rétablit le droit ».

Voici les différents points de chute des bombes de gothas au cours du raid du 11 mars 1918.

A Paris : 231, boulevard Saint-Germain (ministère de la guerre (7e). — 7, rue de Mézières (6e). — 9, rue de Mézières (6e). — 18, rue de Grenelle (voie publique) (6e). — 28, rue du Buisson-Saint-Louis (10e). — 98 et 100, rue de Meaux (19e). — 83, faubourg du Temple (11e). — 4 et 6, rue des Dunes (19e). — 13, rue de Lesseps (voie publique) (6e). — 9, rue Las-Cases (7e). — 100, avenue Jean-Jaurès (19e). — 276, avenue Daumesnil (12e). — 10, avenue Jean-Jaurès (voie publique) (19e). — Angle boulevard Flandrin et rue Dufrénoy (voie publique) (16e). — 41, boulevard de Reuilly (12e). — 8, rue Rottembourg (12e). — 28, rue de l'Annonciation (16e). — 211, boulevard Saint-Germain (voie publique) (7e). — 213 *bis*, boulevard Saint-Germain (voie publique) (7e). — 240, boulevard Saint-Germain (voie publique) (7e). — 242, boulevard Saint-Germain (voie publique) (7e). — Boulevard Saint-Germain (refuge station Chappe) (7e). — 79, rue Falguière (15e). — Boulevard Saint-Germain (entre la station de Chappe et le Crédit Lyonnais) (7e). — 50, boulevard Pasteur. — Boulevard Saint-Germain (devant le ministère des travaux publics). — 6, rue de Bellechasse (7e). — 101, rue de Lille (voie publique) (7e). — 231, boulevard Saint-Germain (voie publique) (7e). — Jardin du Luxembourg (6e). — 2, rue de l'Entrepôt (voie publique) (10e). — 23, rue Mathis (19e). — 13, rue de l'Escaut (19e). — 16, quai de l'Oise (sur le quai) (19e). — 70, rue Curial (19e). — 59, rue de Flandre (19e). — 46, quai de Seine (sur le quai) (19e). Hôpital Claude-Bernard (19e).

En banlieue : *Saint-Ouen.*

Romainville. — Rue Alexandre-Dumas (voie publique).

Noisy-le Sec. — Sur la gare.

Rosny. — 93, rue de Neuilly.

Bagnolet. — 93, rue de Montreuil.

Epinay.

Vincennes. — Caserne 13ᵉ artillerie. — 78, rue de Fontenay. — Place Bérault. — 5, rue Lejemptel.

Fontenoy-sous-Bois. — Pavillon des gardes du lac des Minimes.

Saint-Mandé. — Pelouse des Percherons. — 4, avenue Victor-Hugo. — Cour du quartier de cavalerie Carnot.

Aubervilliers. — 116, boulevard Félix-Faure. — 95, boulevard Félix-Faure. — Sur le bord du canal de Saint-Denis. — 21, rue de la Gare. — 15, rue de la gare.

Joinville. — Près de la gare.

Nogent. — Rue de Saint-Quentin.

Montreuil. — 42, rue Molière. — 6, rue Chevalier-Désiré. — 50, rue Molière (voie publique). — Aux carrières Gallet. — Rue Torchebœufs (dans un jardin). — Sentier du Tourniquet (terrain vague). — 10, rue de Lagny.

Meudon. — Sentier des Pierres-Blanches. — 44, rue de Paris. — 38, rue de Paris. — 50, rue de Paris (dans un jardin). — 72, rue de Paris (dans un jardin). — 59, rue des Gardes (voie publique).

Saint-Denis. — Voie ferrée près du pont de Creil.

Ivry. — 7, quai d'Ivry (passage Grellet). — 19, rue Marceau. — Quai Port-à-l'Anglais. — Rue Ernest-Renan. — 5, quai d'Ivry.

Choisy-le-Roi. — Dans un terrain limité par l'avenue Victor-Hugo, chemin des Bœufs, chemin des Vaches, ligne P.-L.-M.

Issy-les-Moulineaux. — 16, rue Jean-Jacques Rousseau. — Angle rues Lasserre et Emile Zola (terrain vague).

XV

Un nouveau raid de gothas
sur la route de Paris.

L'alerte pour le 22 mars 1918 a été donnée un peu après hui' heures et demie. Les sirènes des pompiers ont retenti, et, aussitôt, gaz et électricité furent éteints, mais les rues ne se trouvèrent pas pour cela plongées dans l'obscurité, car la lune brillait dans un ciel clair. On n'entendait pas d'ailleurs, comme lors du précédent raid, le bruit du canon.

Il y avait foule dehors. Sans précipitation les gens gagnèrent les abris voisins.

Comme les Parisiens dînent généralement tard, beaucoup d'entre eux n'avaient pas terminé leur repas lorsque l'alerte se produisit. Aussi, grand fut le nombre de ceux qui descendirent dans les abris en emportant leurs provisious de bouche. Dans les restaurants, les dineurs furent invités à se joindre, dans les caves, aux garçons, cuisiniers, filles de salle, etc. Les clients les plus débrouillards obtinrent qui une miche de pain, qui un peu de fromage ou quelques autres victuailles et des dinettes s'improvisèrent un peu partout.

Dans les théâtres, music-halls et cinémas, le spectacle était à peine commencé. Conformément à une récente décision préfectorale, les spectateurs, prévenus de l'alerte, se retirèrent vers les abris désignés à leur intention, leur billet de la soirée restant valable pour une prochaine représentation.

Une demi-heure plus tard, sonnait la berloque et bientôt les cloches à toute volée annonçaient aux habitants que leurs appréhensions avaient pris fin.

Voici le communiqué officiel qui fut publié à vingt-deux heures :

A 20 h. 40, un groupe d'avions ennemis a franchi les lignes. Un certain nombre de bombes ont été jetées sur Compiègne et sur diverses villes de la région. Quelques avions ont poussé plus au sud ; ils ont dû faire demi-tour devant nos tirs d'artillerie.

L'alerte avait été aussitôt donnée à Paris.

Une demi-heure plus tard on annonçait la fin.

XVI

Paris canonné en plein jour.

———

De 7 h. 20 à 15 heures des obus tombent sur la ville.

Le samedi 23 mars 1918, à sept heures vingt du matin, c'était déjà, pour certains Parisiens, l'heure du travail ; pour d'autres, ce n'était encore que celle du petit déjeuner, quand des bruits inquiétants étonnèrent la population.

Les gens bien informés savaient de quoi il s'agissait : on faisait, à la Courneuve, exploser quelques grenades. Cela avait été annoncé officiellement.

Mais dans un ou deux quartiers de la capitale on était, et pour cause, plus exactement renseigné. Du ciel printanier et mystérieux, il venait de tomber des bombes... Il y avait quelques morts, quelques dégâts et quelques trous...

Depuis un peu moins de trois ans, la sécurité des Parisiens n'avait pas été troublée en plein jour par un bombardement. C'était, en effet, du 11 mai 1915, que datait la dernière incursion diurne sur Paris.

A l'alerte de la soirée précédente avait succédé une nuit calme qu'allaient, hélas ! remplacer des heures pénibles, mais, disons-le bien vite, exemptes de tout affolement. Si nos ennemis avaient escompté une panique de la population parisienne, ils s'étaient lourdement trompés.

Sous l'attaque nouvelle — nouvelle à tous les points de vue — qu'il a tenue pendant plus de sept heures sous sa menace et sous ses coups, la capitale a conservé une admirable tenue, trop admirable, pourrait-on dire, car en maint endroit, l'insouciance du danger a trop facilement fait fi des prescriptions réitérées dans l'intérêt de tous, et la témérité des habitants a certainement compté pour une notable part dans le nombre des victimes.

Il était environ 7 heures 20 lorsque retentit une détonation qui ne fut entendue que dans un certain périmètre ; un second éclatement eut lieu quelque vingt à vingt-cinq minutes après, mais celui-là se répercuta dans tous les quartiers ; puis, d'autres déflagrations suivirent. Enfin, à neuf heures quinze, les sirènes, lançant leur cri affolant, avertissaient la population de se mettre sur ses gardes.

— Etait-ce le raid de jour tant annoncé, se répétait-on.

Dans les rues, ceux et celles qui s'acheminaient vers leur travail se hâtèrent de gagner les abris proches où ils trouvèrent déjà descendus les locataires des immeubles.

L'animation qui commençait à naître s'arrêta subitement. Les rues devinrent désertes, les magasins ouverts remirent leur clôture, les tramways, le métro s'arrêtèrent.

Par-ci par-là quelques imprudents s'obstinaient à circuler et aussi des poilus en permission débarqués des trains du matin, que la canonnade n'alarmait point. Mais un peu inquiets quand même, ils se hâtaient vers leur maison, où ils trouvaient leur famille dans la cave et en bonne santé.

La grande ville, qui semblait s'être assoupie brusquement, comme touchée par la baguette d'une mauvaise fée, était rayonnante de lumière.

C'était le second jour de printemps et il semblait que le soleil se fut mis en frais. Ceux qui, parfois, timidement, venaient sur les seuils risquer un regard vers le ciel pour essayer d'apercevoir un gotha, ne voyaient que le bleu du ciel. Rien là-haut, et pourtant les détonations se succédaient lentes, espacées presque régulièrement. Déjà on commençait à connaître quelques points de chute; les nouvelles couraient quand même les rues vides. On s'interrogeait; on trouvait ces détonations étranges. La fin de l'alerte était longue à se faire entendre...

Pourtant, le déjeuner à préparer donna quelque hardiesse aux ménagères : les bouchers et autres commerçants ouvrirent un côté de porte. On allait aux provisions comme en fraude. On échangeait des nouvelles, dont beaucoup étaient fausses.

Dans les écoles, les enfants avaient gagné les refuges et passaient leur temps à chanter la *Marseillaise*. M. Poincaré et M. Clémenceau, qui visitèrent plusieurs établissements scolaires, purent juger de l'entrain des gamins de Paris mais on ne se nourrit pas en chantant, au contraire, et il fallut penser à satisfaire tous ces jeunes estomacs. Ce furent les hôpitaux qui intervinrent un peu partout et offrirent le déjeuner aux petits

Un à un, les emmurés, fatigués d'attendre, désireux de retrouver la lumière du jour et leurs appartements, abandonnèrent les abris souterrains et se réinstallèrent chez eux.

Sous un soleil doux et blond, qui fleurissait la belle matinée, les passants, tranquillement, flânaient par les rues, le nez en l'air, cherchant les gothas. Sur les bancs des avenues de bonnes gens se chauffaient en devisant.

De temps en temps, pourtant, une bombe tombait...

Dans le centre de Paris, nul émoi. Quelques restaurants étaient ouverts. Aux terrasses des cafés il y avait de nombreux amateurs d'apéritifs. Un cortège nuptial passa sur le boulevard Montmartre. La mariée, blanche et rose, souriait, heureuse dans sa calèche. Le cocher, pomponné de rubans blancs, s'esclaffait dans sa face rubiconde.

Et ce ne fut pas la seule noce que l'on vit ce jour-là dans Paris.

Sous l'éclatant soleil printanier, à une heure de l'après-midi, les passants de la rue Saint-Antoine virent descendre des marches de l'église une jeune mariée, tout de blanc vêtue, dont la robe traînante était solennellement portée par deux jeunes filles.

La petite mariée donnait le bras à un poilu, fier de sa croix de guerre.

Et le cortège populaire s'engagea ainsi dans la rue Saint-Antoine, cependant que proche ou lointain, tonnait le canon mystérieux.

A chaque détonation les Parisiens levaient les yeux en l'air ; ils n'apercevaient qu'un immense et profond voile bleu, pur, radieux — et qui semblait promettre aux hommes de la vie, de la joie, de l'avenir... La mort cependant rôdait dans les plis de cet azur.

Des badauds s'arrêtaient aux devantures. Les taxis emportaient à toute vitesse les gens qui s'en allaient à leurs affaires comme d'habitude.

Une maman, qu'encadraient deux jolis petits garçonnets à l'air déluré, presque martial, achetait un bouquet de violettes, se fleurissait, et continuait sa promenade. Les midinettes, comme des oiseaux envolés, s'échappaient des ateliers en riant, baguenaudant et s'amusant.

Paris avait, ce matin-là, un cran magnifique, une seule âme de bronze et de dédain... Seulement, si une bombe venait à tomber sur la maman et les deux gamins, sur une nichée de midinettes, sur cinquante badauds assemblés au coin d'une rue, cela ne serait-il point infiniment déplorable?

Faut-il s'exposer ainsi inutilement aux coups de l'assassin ?

Et pourquoi être prudent la nuit, faire ce qu'il convient, c'est-à-dire se protéger, si l'on doit, le jour, commettre toutes les imprudences ?

Tout à coup, vers midi, le bruit se répandit dans les milieux informés qu'il ne s'agissait pas de raid d'avions, mais que Paris était bombardé par un canon à longue portée.

En effet, M. Kling, directeur du Laboratoire municipal, parti avec son personnel vers les lieux où les éclatements avaient été signalés, ramassait ici et là des éclats qui, à n'en point douter, appartenaient à des obus lancés par le canon.

L'examen révélait, en effet, que les projectiles, ceinturés de cuivre, portaient des rayures dont les bombes lancées par des avions étaient complètement dépourvues. Peu à peu, la répétition de ces mêmes observations confirmait de façon absolue que cette seconde hypothèse était la vraie.

Un fragment d'obus, ramassé dans la matinée par M. Clémenceau et le colonel Battisti, ne pouvait, d'après le directeur du Laboratoire municipal, qu'avoir appartenu à un obus de 210 rayé. Ce projectile possédait une paroi de sept centimètres d'épaisseur.

C: des avions ne pourraient se charger de projectiles ayant une épaisseur aussi grande, qui diminuerait d'autant leur quantité d'explosifs.

L'examen des points de chute s'ajoutant à la régularité des coups montrait un groupement très caractéristique, avec quelques écarts seulement, correspondant à un axe donné.

De plus, aucun avion allemand n'avait été aperçu ni sur Paris ni sur la banlieue par le nombre considérable de ceux du camp retranché qui avaient pris l'air.

On n'allait pas tarder à être fixé par le communiqué officiel de quinze heures :

L'ennemi a tiré sur Paris avec une pièce à longue portée.

Depuis huit heures du matin, de quart d'heure en quart d'heure, des obus de 210 ont atteint la capitale et la banlieue.

Il y a une dizaine de morts et une quinzaine de blessés.

Les mesures pour contre-battre la pièce ennemie sont en voie d'exécution.

Aussi, quand, vers 4 heures 15, les pompiers passèrent, sonnant la berloque, il y eut de la stupéfaction, car depuis un certain temps tout Paris savait que nul gotha n'avait survolé la capitale.

Des lignes du front, des renseignements précis avaient été fournis. La pièce qui bombardait Paris avait été découverte par nos aviateurs d'observation. Elle se trouvait dans la forêt de Saint-Gobain, c'est-à-dire à une distance de 120 kilomètres. Des mesures furent aussitôt prises pour la contre-battre.

Les badauds et les curieux se demandèrent alors comment on avait pu sonner la berloque. On savait donc que le canon fantastique ne tirait plus ? Alors, ce furent bientôt de merveilleuses histoires qui entrèrent en circulation. Nos avions, disait-on, s'étaient mis en route, avaient repéré le monstre et l'avaient anéanti.

Les gothas étaient oubliés, on ne parlait que du canon qui portait à 120 kilomètres; on trouvait des gens qui décrivaient minutieusement le puissant engin.

Le métro, un moment arrêté, s'était remis en route. Les autobus, les deux seuls en circulation, le boulevardier Madeleine-Bastille et le légendaire Batignolles-Odéon, avaient repris leur train-train habituel. Les restaurants reçurent autant de clients qu'à l'ordinaire. Les guichets des cinémas étaient ouverts. Un café-concert avait fait apposer un écriteau portant en grosses lettres ces mots :

Le seul café-concert antigothas !

Et ce fut fini pour ce jour-là. N'empêche qu'elle demeura une journée étrange, mystérieuse et dramatique, car de 7 heures 20 à 15 heures les Allemands envoyèrent très exactement sur Paris et la banlieue vingt-cinq projectiles dont nous donnons ci-dessous les points de chute :

7 h. 20 : 6, quai de Seine (19e). — 7 h. 45 : Bâtiments de la gare Est (10e). — 8 h. 15 : 15, rue Charles-V (4e) : *1 tué.* — 8 h. 30 : 68, rue François-Miron (4e) : *4 blessés.* — 8 h. 45 : Boulevard de Strasbourg, chaussée face gare de l'Est : (10e) *8 tués, 13 blessés.* — 9 h. : Passage du Nord (19e). — 9 h. 15 : 29, rue de l'Ourcq (19e). — 9 h. 35 : Jardin de l'avenue Observatoire (14e). — 9 h. 40 : 2, rue Legouvé (10e) : *1 tué.* — 10 h. Vanves, 74, rue du 4 Septembre. — 10 h. 40 : 22, rue de Liancourt (14e) : *1 tué.* — Rue du Rhin (19e). Rue Manin (19e). — 11 h. 10, rue Denoyez (20e). 24, rue des Ardennes (19e). — Avenue Jean-Jaurès (19e). — 11 h. 20 : Pantin, 64 rue de Paris : *2 tués, 3 blessés.* — 11 h. 45 : 5, rue de l'Equerre (19e). — 13, rue de Flandre (19e) : *1 tué.* — 4, rue Riquet (19e). — 13 h. : Jardin des Tuileries (1er). 13 h. 15 : Place de la République (3e) : *2 tués, 9 blessés.* — 13 h. : 30, rue de Saint-Cloud. — 13 h. 45 : 57, rue Riquet (19e). — 14 h. 45 : Pantin, près de la gare.

XVII

Les obus sur Paris.

Ah ! le beau premier dimanche que voulut cette année-là donner aux Parisiens leur ami le printemps !

Hélas ! les Boches le leur ont gâté.

Cependant les rues de Paris avaient, dès le réveil, leur jolie physionomie dominicale de toujours.

Autour des petites voitures alignées aux carrefours ou le long des avenues populeuses, les ménagères faisaient leurs emplettes de légumes pour les repas du jour.

Les événements de la veille n'étaient point commentés parce que, malgré tout, on vivait dans l'attente de ceux qui pouvaient se produire d'un moment à l'autre. Et cette attente ne fut pas de longue durée.

Soudain, une détonation retentit.

Une explosion d'imprécations, que l'on imagine aisément, répondit à l'attentat boche.

Cependant, une constatation s'imposait : la veille, à pareille heure, les petits marchands plièrent bagage et s'en furent chercher un abri. Ce matin du 24 mars, personne ne bougea.

On dit :

— Nous n'avions encore rien vu de la guerre, nous autres ; on s'habituera...

En effet, Paris s'adapta bravement au bombardement, car on vit deux cantonnières qui, le balai en main, refusèrent d'évacuer la chaussée ; on vit d'innombrables fidèles qui s'empressaient aux églises pour ne pas manquer la « Messe des Rameaux » et l'achat du buis traditionnel.

On vit des fiacres et des taxis attendre patiemment en station les clients, des télégraphistes du Central de la Bourse rangés sur le trottoir, et scrutant le ciel, des marchandes de journaux qui déployaient avec soin leurs éventaires, et des garçons de café qui surveillaient leurs terrasses.

De dix en vingt minutes, cependant, l'éclatement fort ou sourd des obus scandait les occupations journalières de tous les Parisiens. Il semblait, à les observer de près, que pas un reflexe ne se manifestait chez eux, et chacun continuait sa besogne.

Paris était devenu une ville du front.

A la même cadence que la veille, les Allemands recommencèrent, le matin du 24 mars, à canonner la capitale à plus de cent kilomètres de distance.

Ce matin des Rameaux, à sept heures, les sirènes avertissaient les habitants que le bombardement avait repris. La soirée précédente, troublée par une alerte qui dura une heure quinze minutes et qu'avait provoquée le passage de deux avions ennemis au-dessus de nos lignes, avait été suivie d'une nuit tranquille; ce matin, avec la philosophie sereine qu'ils avaient montrée la veille, les Parisiens vaquèrent à leurs occupations.

Dans les églises, le bombardement surprit un certain nombre de fidèles, mais il n'y eut nulle émotion. Aux portes des édifices religieux les marchandes de buis se trouvaient à leur poste annuel et les offices se célébrèrent dans le plus grand calme.

Le temps magnifique dont on jouissait depuis le début du mois incitait peu, malgré les dangers possibles, à rester chez soi. Les taxis et les voitures continuèrent leur service, les trains partirent normalement dans chaque gare parisienne et tous les rouages compliqués de la vie municipale de Paris fonctionnèrent comme de coutume.

Le Métro et le Nord-Sud, qui avaient suspendu leur trafic, reprirent leur service sur toutes les lignes vers onze heures, après qu'on eut procédé à la vérification des voies. A la fin de la matinée, on ne signalait aucun incident.

Les lignes de tramways sur lesquelles la circulation avait été interrompue à l'annonce de l'alerte, se remirent en mouvement dans la matinée.

La foire à la ferraille et aux jambons qui commençait ce jour-là fut annoncée à coups de canon.

Cet endroit tumultueux les années précédentes, qui s'étend de la place de la Bastille au faubourg du Temple, par le boulevard Richard-Lenoir, ne fut pas, ce matin-là, très bruyant.

Seuls quelques promeneurs, venant de rendre visite aux points de chute des environs, et de rares amateurs défilant devant les étalages, regardaient d'un œil distrait les « occasions ».

Arrêté devant une petite baraque, un civil marchandait une pendule ; un bruit sourd se perçoit au loin. Sans s'émouvoir, l'acheteur continue à examiner l'objet, et la vendeuse à vanter sa marchandise. Tous deux n'ont même pas levé la tête.

Aux Halles, le matin, dès que l'alerte eut été donnée, le règlement fut appliqué aux différents pavillons : on ferma.

« Puisqu'il s'agit d'un tir de canon et non pas de gothas, disaient les marchands, ce règlement doit être aboli. Nos acheteurs s'en vont et le marché est nul : cela ne peut durer ».

Cet état de choses produisait évidemment une perturbation générale.

Mais ce qu'il convient de signaler, c'est la décision, le vrai courage du personnel des Halles qui demeura à son poste et ne demandait qu'à travailler.

Soudain, sur Paris, une brusque détonation retentit, au même instant un nuage poussiéreux de débris de toutes sortes, pierres, vitres, terre aveugle les passants avoisinant le point de chute et les habitants restés sur le pas de leur porte. Mais peu à peu les témoins se ressaisissent, quelques-uns n'ont que de légères blessures, d'autres leurs vêtements criblés de petites pierres, mais tous sans se préoccuper d'eux-mêmes se précipitent vers l'endroit où l'obus est tombé. C'est sur le trottoir, les pavés sont retournés, les vitres des maisons sont venues s'émietter sur la chaussée ;

une tache de sang. Bientôt un cercle pressé et bruyant se forme et les gents s'empressent de maintenir à une certaine distance le public avide de voir.

Vingt-deux obus tombèrent sur Paris en ce jour des Rameaux, savoir :

6 h. 46 : 105 et 107, rue de Meaux (19ᵉ) : *1 tué, 14 blessés.* — 6 h. 55 : 16, rue Julien-Lacroix (20ᵉ) : *2 tués, 80 blessés.* — 7 h. 8 : Bobigny, 4, rue de la Blanchisserie. — 7 h. 24 : Pantin, 39, rue de la Cristallerie. — 7 h. 45 : 105, rue Oberkampf (11ᵉ). — 7 h. 54 : Hôpital Villemin, 1, rue des Récollets (10ᵉ). — 8 h. : Drancy, dans un champ. — 8 h. 15 : 8-10, rue de Thionville (19ᵉ). — 8 h. 26 : 90, rue Saint-Maur (11ᵉ). — 8 h. 58 : 206 *bis*, quai Jemmapes (10ᵉ) : *1 tué, 5 blessés.* 9 h. 17 : Pantin, 91, rue de Paris. — 9 h. 20 : 3, rue de la Lune (2ᵉ) : *2 tués, 8 blessés.* — 9 h. 32 : rue Edouard-Pailleron (19ᵉ). — 9 h. 45 : Aubervillers, boulevard Félix-Faure. — 10 h. 1 : 109, rue Manin (19ᵉ) : *1 blessé.* — 10 h. 29 : Aubervillers, 50, rue Haie-Coq. — 10 h. 42 : 45, rue de la Victoire (9ᵉ) : *3 blessés.* — 11 h. 21 : gare de la Chapelle (18ᵉ). — 11 h. 33 : 123, rue Saint-Jacques (lycée Louis-le-Grand) (5ᵉ). — 11 h. 45 : église de Blanc-Mesnil (Seine-et-Oise) : *1 tués,*

7 blessés. — 12 h. 20 : Pantin, rue Delizy. — 13 h. : Pré-Saint-Gervais, 9, Grande-Rue : *2 blessés.*

Le lendemain, 25 mars, les Allemands, par leur bertha, ne lancèrent que six obus. Le premier, à la même heure que la veille atteignait à ? h. 49 le boulevard Richard-Lenoir; à 7 h. : 21, rue Tandou (19ᵉ) : *1 tué, 1 blessé.* — 7 h. 10 : 19, rue des Nonnains-d'Hyères (4ᵉ) : *2 blessés.* — 7 h. 15 : Pantin, près de la gare. — 7 h. 40 : Drancy, rue des Rupins. — 15 h. 48 : Cimetière du Père-Lachaise.

Lorsque retentissait une détonation, de nombreux quartiers de Paris pouvaient aisément deviner la position du point de chute.

Il suffisait pour cela d'observer, à l'instant qui suivait la déflagration, le vol des oiseaux, celui des pigeons en particulier, rabattus en masse vers une zone tranquille.

Leur troupe ailée fuyait dans le sens diamétralement opposé à celui du point bombardé.

Comme, à Paris, même dans les circonstances les plus tragiques, l'esprit ne perd jamais ses droits, citons ces deux mots parfaitement authentiques :

Au Luxembourg, des ouvriers fumistes réparaient les appareils de chauffage dans une aile du palais donnant sur le jardin.

D'une fenêtre du second étage s'allongeait un tuyau noir pointé vers le ciel.

Un passant jette ces mots au pépère en sentinelle :

— Alors, l'ancien, on ne s'en fait pas trop ?

Gravement, le territorial montre le long tube noir et dit :

— On a de l'artillerie, on est paré !

Et ce mot d'enfant :

Une charmante fillette questionne sa mère :

— Dis, petite mère, cette année, est-ce que les cloches partiront à Rome ?

— Mais... balbutie la maman qui devine la pensée de l'enfant.

— Parce que, dis, petite mère, si les cloches allaient à Rome, qui est-ce qui sonnerait la fin de l'alerte ?

XVIII

Un obus allemand frappe une église.

29 mars. — Cet après-midi, un obus allemand, lancé par une pièce à longue portée, est tombé sur une église de la région parisienne, au cours de la cérémonie des Ténèbres du vendredi saint. Il y a eu soixante-quinze tués et quatre-vingt-dix blessés, parmi lesquels un grand nombre de femmes et d'enfants.

On signale parmi les morts, M. Strœhlin, conseiller de la légation de Suisse.

On sait que dimanche passé une église avait déjà été atteinte pendant la grand'messe. Il y avait eu plusieurs blessés.

Le président de la République s'est rendu sur les lieux, où se trouvaient le président du conseil des ministres, le cardinal Amette et le curé de

*la paroisse de l'église. Le président s'est rendu
ensuite dans les hôpitaux pour visiter les blessés.* — (COMMUNIQUÉ OFFICIEL).

Après s'être tu pendant trois jours, les 26, 27
et 28 mars, le canon monstre a recommencé à
bombarder Paris le 29.

La matinée et le début de l'après-midi s'étaient
passés dans le calme. Mais à quinze heures trente,
un premier obus éclata à Montrouge, rue de Fontenay, suivi d'un autre à seize heures qui tomba
à Châtillon, dans un terrain vague.

Ces deux projectiles n'avaient fait aucune victime ni commis nul dégât. Il n'allait pas en être
de même d'un troisième.

C'était le jour du vendredi saint, à l'heure de
l'après-midi où les catholiques, rassemblés dans
les églises, célèbrent avec piété la mort du Christ.

C'est le jour et l'heure que Guillaume II qui,
dans chacun de ses discours, invoquait son vieux
Dieu, avait choisis pour ordonner à son canon
monstrueux de tirer sur Paris.

Il avait pensé, le destructeur de la cathédrale
de Reims, l'incendiaire de Louvain, le bourreau
de Malines, que c'était le moment précis où des
femmes et des enfants se trouvaient réunis au

pied des autels pour commémorer la Passion du Christ.

C'est l'instant qu'il a choisi pour lancer sur la « forteresse Paris » quelques obus dont l'un a frappé une basilique vénérée où les fidèles se recueillaient pour un anniversaire qu'ils considèrent comme saint entre tous.

Une affluence considérable emplissait la vieille église Saint-Gervais. Il était exactement quatre heures trente-trois. Un prêtre venait, selon le rite en ce jour de vendredi saint, de commenter en chaire les « Sept paroles du Christ ». Un concert spirituel, auquel allaient participer les petits chanteurs à la croix de bois, devait terminer la cérémonie. On venait de réciter les dernières litanies. Dans l'église, de nombreux fidèles, pieusement agenouillés, étaient absorbés dans leurs prières. L'office allait commencer, quand soudain, dans le silence impressionnant, l'air fut ébranlé par un éclatement sourd dont les échos se répercutèrent sur Paris. Un choc effroyable suivi d'un fracas épouvantable secoua l'édifice religieux jusqu'en ses fondations, tandis qu'une vaste surface de la voussure ainsi qu'une partie du côté gauche de la nef s'écroulait.

Des cris, des plaintes s'élevèrent bientôt de

l'amas de blocs de pierres effondrés sur les fidèles assemblés. Le projectile avait atteint, dans la partie supérieure de l'église, un des épais piliers séparant les vitraux et soutenant la voûte.

L'écroulement de ce pilier avait entraîné celui d'une large partie de cette voûte, dont les pierres et les lourds matériaux s'étaient abattus de près de 20 mètres de hauteur. De tous côtés, des éclats d'acier avaient frappé les murs des nefs, labouré les orgues et rebondi jusqu'au chœur.

L'intérieur de l'église offrait un aspect navrant. Un énorme amas de pierres de toutes les dimensions amoncelées au centre de la nef s'élevait à la même hauteur que l'autel qui n'avait pas été atteint.

Des plâtras moins volumineux jonchaient les bas-côtés, et les dalles sombres étaient recouvertes sur toute la superficie de l'église d'une impalpable poussière grise. Enfin, détail poignant, tous les vitraux. d'une valeur inestimable, avaient été pulvérisés par l'explosion.

L'intérieur de l'église rappelait celui de la cathédrale de Reims et des glorieuses églises mutilées du front.

Au dehors, on ne voyait rien. On cherchait longtemps sur la façade et sur le faîte de l'église

le point par où l'obus avait bien pu pénétrer : une
éraflure blanche sur la pierre grise, autour de laquelle la projection des éclats avait dessiné d'autres éraflures blanches, un peu au-dessus de
l'ogive d'un vitrail, exactement dans l'angle nord-
ouest ; il avait atteint le haut de l'église, non pas
verticalement, mais presque.

Pénétrant à l'intérieur par la brèche ouverte,
probablement sans éclater encore, il était allé
frapper de ses deux fusées exactement au faîte
d'un pilier principal, dans l'angle où les voûtes
se détachent pour supporter la toiture.

Aussitôt après l'explosion, une fumée grise et
épaisse prenait à la gorge les sauveteurs accourus. On chercha les issues : l'une était bloquée. Il
se produisit alors une terrible scène de confusion,
une fuite éperdue.

Dès que fut connue la nouvelle de l'effroyable
catastrophe, provoquée par la chute de l'engin
des barbares, le sauvetage s'organisa rapidement ;
il fut effectué d'abord par les agents d'un poste de
police voisin, par les pompiers et des travailleurs
de bonne volonté.

Comme toujours, les ambulances américaines
vinrent apporter leur concours et aidèrent au
transport des blessés dans les hôpitaux.

La plupart des cadavres étaient méconnaissables.

Pendant qu'on travaillait au déblaiement, M. Poincaré et M. Clémenceau vinrent encourager les sauveteurs. Le cardinal Amette arriva peu après ; il s'agenouilla sur le porche tout encombré de débris et pria un instant. En se relevant, il s'écria :

— Les misérables ! Ils ont choisi le jour anniversaire de la mort de Notre Seigneur pour commettre ce crime exécrable !

L'archevêque donna sa bénédiction à quelques blessés qu'on emportait, puis se retira.

Le président de la République se rendit ensuite dans les hôpitaux pour visiter les blessés.

M. Ignace, sous-secrétaire d'Etat à la justice militaire ; M. Scherdlin, procureur de la République, M. Philippon, substitut, assistèrent aux premières constatations auxquelles procéda M. Kling, directeur du Laboratoire municipal.

D'après les débris recueillis, il estima que l'engin était absolument semblable à ceux qui furent lancés précédemment. L'obus, du calibre 210, avait cinquante centimètres de longueur plus une fausse ogive en tôle qui s'adaptait à l'avant. L'épaisseur du projectile était de cinq centimètres ;

il était muni de deux fusées afin d'assurer un éclatement certain.

L'abominable attentat eut dès le soir même son écho au Palais-Bourbon.

A propos d'un amendement à la loi de finances sur les exemptions d'impôts pour les sinistrés, M. Groussau, député catholique de Lille, fit entendre la protestation suivante :

M. GROUSSAU. — *J'ai vu, avec une extrême douleur, que le vendredi saint le barbare ennemi est venu bombarder une église, et j'estime que dans les circonstances actuelles, il faut crier que la justice et le droit auront le dernier mot.*

M. PAUL DESCHANEL, président. — *Toute l'assemblée s'associe à vos paroles.*

M. JEAN BON. — *Il est vrai qu'à 3 heures, dans une église où des femmes et des enfants étaient assemblés pour demander au ciel la fin de la guerre, un obus est venu répandre le sang sur les prières. Oui, nous sommes tous d'accord pour dire que c'est la lutte du droit et de la liberté, de la vraie et de la fausse croyance, et qu'ici il y a une autre conception que celle de nos ennemis de la divinité.*

M. KLOTZ, ministre des finances. — *Le gouvernement s'associe à la protestation indignée de*

M. Groussau. 'Aujourd'hui, dans une église, l'ennemi a tué des femmes et des enfants qui priaient. La conscience du monde civilisé flétrira ce crime comme il mérite de l'être.

Par ses applaudissements, la Chambre marqua sa réprobation unanime et le crime commis par nos ennemis rétablit une fois de plus, sur tous les bancs, l'union sacrée.

Le nombre total des victimes fut de 88 tués et et 68 blessés.

Parmi les morts se trouvaient le général de brigade Francfort, du cadre de réserve; M. Henri Strœhlin, conseiller de la légation de Suisse ; M. Xavier Delouvrier, docteur en droit, décoré de la croix de guerre ; M. Jean Mendelssohn, le docteur Mendelssohn, le comte Jean de Maussion et mademoiselle Marguerite Cuningham, etc.

Au nombre des blessés, figuraient le soldat Albert de Maussion, fils du comte ; la vicomtesse Molitor, M. Augustin Cuningham, la comtesse Morand, M. Louis Gautteron, ancien sénateur, M. Jean Nègue, ingénieur à la compagnie d'Orléans, etc., etc.

A 17 heures 45, les barbares lancèrent encore un obus qui tomba dans des carrières à Montrouge.

Ce fut fort heureusement le dernier de cette journée tragique, car on ne pouvait rien imaginer de plus lamentable que la vue de cette pauvre église Saint-Gervais mutilée et déchiquetée.

Par la large plaie que fit l'obus, une pluie triste et fine suintait le long des murs blessés. Les vitraux pendaient comme des loques ; les pieuses statues projetées à terre avaient l'air de cadavres oubliés.

Quant aux chaises, sur lesquelles les fidèles étaient agenouillés, ce n'étaient plus que des miettes infimes. Et dans le milieu de la nef s'élevait une montagne de pierres de taille accumulées.

Par terre, hélas ! et partout, de larges taches rouges. Près d'une petite chapelle, un Christ git, renversé, à côté d'un parapluie et d'un livre de messe tellement trempé de sang que les pages en étaient toutes tordues.

Contre un pilier, une mèche de cheveux blancs: ceux d'une maman... Non loin, un débris de chapeau, l'aile bleue d'un oiseau de paradis... Une fillette — montée au Paradis, sans son bel oiseau bleu, mais avec sa maman...

Un bénitier... Et dedans, du sang, encore... Ah ! que les bourreaux demeurent satisfaits ; ils ont dû se gorger de bière, là-bas, pour célébrer cette glorieuse victoire... Ils n'ont point manqué leur but : ils ont égorgé la mère et l'enfant. Ils ont tué ce vieillard débile, venu là prier pour son fils aux armées. Ils ont assassiné cette pauvre femme, dont le mari, l'an dernier (un médecin), était assassiné par un fou.

Ils ont tué, tué, tué, des innocents et des faibles, sous les yeux du Christ mort pour les hommes et à l'heure même où le Christ mourut... Qu'ils fassent frapper des médailles pour commémorer ce grand jour-là : le vendredi saint de 1918 !...

XIX

Nouveau bombardement.

A la suite de l'accident survenu dans l'église Saint-Gervais touchée par un obus du canon allemand à longue portée, il avait été question de rechercher s'il n'y aurait pas lieu, durant les bombardements, d'interdire tout rassemblement dans les églises et les lieux publics situés dans la zone dangereuse, mais aucune décision n'intervint. Les autorités furent d'avis de laisser la vie normale continuer et de ne point empêcher ceux qui le désiraient de se rendre à leurs risques et périls dans les églises ou les théâtres, de même que l'on n'ordonnât point la fermeture des écoles, comme il en avait été question.

Néanmoins la région parisienne fut de nouveau frappée dans la journée du 30 mars 1918, ainsi qu'en témoigne le communiqué officiel suivant :

Le canon allemand à longue portée a continué le bombardement de la région parisienne dans la journée du 30 mars. Il y a eu dix morts, dont quatre femmes, et quarante-sept blessés dont neuf femmes et sept enfants.

Voici les différents points de chute des vingt obus lancés ce jour-là : 7 h. 13 : Impasse Garnier (station N.-S. Falguière) (15°) : 4 tués, 23 blessés. — 7 h. 35 : 21. quai de Seine (Usine des eaux) (19°) : 2 tués, 5 blessés. — 8 h. 55 : 105, boulevard Lefèvre (15°). — 9 h. 26 : 85, rue de l'Ourcq (Usine Potin) (19°) : 1 tué, 7 blessés. — 9 h. 40 : Coin de la caserne Babylone (7°). — 10 h. 13 : 8, rue de l'Atlas (at. de camouf.) (19°). — 10 h. 45 : 24, rue Saint-Denis (1er) : 3 tués, 3 blessés. — 11 h. 5 : Ang. rue Rennes et boulevard Raspail (6°). — 11 h. 35 : Quai de l'Horloge (d. Seine) (1er). — 11 h. 50 : Quai de l'Hôtel de Ville (près du pont d'Arcole) (4°) : 1 blessé. — 12 h. 6 : Jardin du Luxembourg (6°) : 1 blessé. 12 h. 25 : 44, rue de Vanves (14°) : 2 blessés. — 12 h. 57 : 15, rue de Malte (11°). — 13 h. 10 : 20, rue de l'Hôtel-de-Ville (4°) : 1 blessé. — 13 h. 30 : 74, rue Denfer-Rochereau (Enfants Assistés) (6°) : 1 blessé. — 13 h. 50 : Aubervilliers, chaussée du Fort. Bobigny (gare de triage). — 14 h. 45 : Pantin, 6, rue de l'Alliance. — 15 h. : Carrefour Saint-Germain-Buci (6e) : 2 blessés. — 15 h. 23 : boulevard Macdonald (usine à gaz) (19e) : 1 blessé.

Cependant bien que la population parisienne accueillît les dangereuses salves allemandes avec le même calme que les précédentes, l'administration crut de son devoir d'indiquer quelques précautions à prendre, commandées par le plus élémentaire bon sens : Pas de rassemblements dans les rues ; suivre dans la mesure du possible les trottoirs opposés à la direction du tir ; chez soi, habiter de préférence dans les appartements donnant au sud et à l'ouest ; tenir fermées les persiennes qui amortiraient sérieusement, le cas échéant, la force vive du projectile.

De leur côté, les Parisiens et les habitants de la banlieue avaient mis en pratique un procédé destiné à protéger les carreaux des fenêtres de leurs appartements contre les bris que pouvaient causer les déplacements d'air provoqués par les explosions soit des obus allemands soit des projectiles lancés par les tirs de barrage. Bientôt les vitres des commerçants et celles des croisées des particuliers se trouvèrent décorées de minces bandes de papier collées en diagonale sur les verres des fenêtres. L'usage s'en généralisa vite et tous les immeubles de la capitale ne tardèrent pas à montrer cette décoration nouvelle, d'un réel cachet artistique dont certains modèles ne manquaient ni d'élégance ni d'ingéniosité.

Vers le même temps, subitement apparut une mode nouvelle pour laquelle s'engouèrent les Parisiens et surtout les Parisiennes. Un inventeur avisé eut l'idée originale autant qu'intéressée de lancer une sorte de fétiche destiné à protéger des obus des berthas et des gothas. C'étaient deux petits bonshommes en étoffe, longs de quelques centimètres, qu'il baptisa Nénette et Rintintin. Des camelots s'emparèrent de cette invention et en peu de jours chacun voulut posséder son amulette laquelle se portait suspendue au cou. En quoi des civilisés ressemblent parfois en les imitant aux nègres arriérés de l'Afrique centrale qui s'ornent de gris-gris. O puissance de la superstition !

XX

Les obus de Pâques.

Le canon allemand à longue portée continua, au cours du 31 mars, jour de Pâques, à bombarder la région parisienne. Il y eut 1 mort et 1 blessé.

La personne tuée fut un journalier, M. Millot. Une femme, dont l'identité ne put être établie, fut grièvement blessée.

Pâques! la Pâque de la Résurrection, la joyeuse Pâque, fut profanée. Les Allemands l'ont célébrée à leur manière, c'est-à-dire au canon, par l'assassinat. Cette journée n'était pas pour arrêter les barbares sacrilèges. Le vieux Dieu germanique dut être satisfait du travail des canons boches.

Paris s'éveilla, dans la matinée, tout étonné de

ne point entendre les explosions quotidiennes. A vrai dire, personne ne s'y méprit :

— Ils attendent, pensa-t-on, qu'il y ait beaucoup de monde dehors pour tirer.

Cependant, nul ne changea rien ni à ses habitudes ni à ses projets.

Les cloches revenues sonnèrent non l'allégresse coutumière, mais le glas des victimes de la catastrophe du vendredi-saint et de toutes celles que les barbares avaient ajoutées à cette liste rouge.

Et dans les nefs où brûlaient, parmi les odeurs d'encens, des cierges innombrables, les fidèles se pressèrent nombreux — d'autant plus nombreux que l'heure était plus grave — et, sans hésitation, ils s'agenouillèrent comme ceux que la nef effondrée avait ensevelis, et prièrent pour ces victimes, pour ceux qui se battaient, pour ceux qui souffraient, pour Celle qui devait survivre malgré tout.

Et à ces prières, offertes avec foi, se mêlaient la protestation indignée contre les lâches assassins, l'appel d'un châtiment mérité!

Les prédicateurs, un peu dans toutes les chaires, magnifièrent la France et ses incomparables défenseurs et trouvèrent pour flétrir les hordes

teutonnes les accents de l'imprécation sainte, ins-
pirés par l'anathème du cardinal Amette.

Et nombreux furent ceux qui accomplirent le
pèlerinage douloureux à l'église blessée afin de
raffermir encore, s'il en était besoin, leur volonté
inébranlable de toujours se rappeler.

Quand le premier obus éclata, les passants tour-
nèrent la tête dans la direction du coup ; quelques
papas, qui promenaient de jeunes enfants, dirent
avec assurance :

— « Il » est tombé très loin.

Et chacun suivit son chemin...

La vie normale se poursuivit : aux terrasses des
cafés, des consommateurs pacifiques goûtèrent les
joies du repos dominical.

Des chanteurs, aux carrefours, disaient le refrain
à la mode, entourés de midinettes et de permissionnaires.

Des agents prévinrent du bombardement les directeurs des salles de spectacle qui donnaient matinée. Les régisseurs avisèrent le public et le con-
sultèrent sur la conduite à tenir. Partout il fut
demandé que la représentation continuât.

C'était Pâques ! Et chacun, à sa manière, selon
ses goûts, entendait célébrer cette fête tranquillement, malgré les obus.

Il n'y eut d'ailleurs que trois projectiles lancés, savoir :

14 h. 18 : 121, rue Manin (19ᵉ). — 14 h. 35 : 106, rue de Rennes (6ᵉ) : 1 tué, 1 blessé. — 14 h. 54 : 18, rue Favart (2ᵉ).

XXI

Le bombardement quotidien.

Les Allemands continuèrent à tirer sur Paris et la banlieue dans la journée du lundi 1er avril 1918. Ils n'ont lancé que 4 obus qui cependant tuèrent 8 personnes et en blessèrent 7.

Voici les points de chute :

12 h. 35 : Pantin, 7, rue Paris : 1 tué, 1 blessé. — 13 h. 7 : 54, Faubourg-Poissonnière (10e). — 16 h. 18 : Place Vauban (7e) : 7 tués, 6 blessés. — 19 h. 15 ; 4, rue Saint-Georges (9e).

Parmi les morts, il y eut : MM. Auguste Daumau, 23 ans soldat au 1er zouaves, en convalescence ; Pierre Pacaud, du 6e d'infanterie ; Mesdames Marie Girard, 49 ans, et Salmon.

Les blessés furent : Madame Fournier, 49 ans, et son fils Jean, un bébé de trois ans ; M. Firon, 16 ans ; M. et madame Camus ; le jeune Roger Barotte, 14 ans (qui a eu la jambe coupée) ; MM. Jules Perronneau, gardien de la paix.

Les Boches n'ont pas atteint leur objectif : ils n'ont pas réussi à effrayer la population qui se pressait sur les promenades publiques, car il faisait beau ce lundi de Pâques ; il faisait un chaud soleil et dans l'air léger flottait une joyeuse gaieté. Les Parisiens savaient que le canon allait tirer — comme la veille, mais le printemps était dehors et les appelait.

A midi, le canon tonna ; personne ne se montra surpris. Deux promeneurs tombèrent pour ne plus se relever. Autour de leurs cadavres les poings se serrèrent ; des paroles de haine et de rage furent prononcées — mais pas un geste de frayeur ne s'esquissa.

De nombreux promeneurs rendirent visite aux points de chute précédents et lorsqu'on connut les nouveaux, la foule, insouciante du danger, y courut. Près des endroits où les obus venaient d'éclater des rassemblements se formèrent en dépit des injonctions de la police ; les enfants ramassèrent des débris d'engins, les hommes discutèrent et commentèrent les événements, puis chacun continua sa route. Après tout, Paris n'était-il point un camp retranché, à moins de trente lieues du front ?...

Elle aussi habitait le camp retranché, cette mère, jeune encore, d'un soldat des dernières classes.

Pour elle, le soleil n'avait point d'attraits. Dans la maison, — trop grande depuis le départ de l'enfant, — elle était restée au coin du feu, du feu de bois qui tient compagnie aux solitaires, et dont les lueurs amies des flammes dansantes semblent parler des absents. La nuit tombait ; le feu s'avivait, plus clair, et plus précise devenait l'image de l'être cher qui se battait là-bas, quelque part...

Soudain, dans un coup de tonnerre, la cheminée s'effondra, laissant dans le mur une plaie béante... à terre, une femme morte... Et ce fut lui, le petit soldat, qui pleura sa maman !

Ils bombardaient le camp retranché de Paris !...

XXII

Les canons le jour. — Les gothas la nuit.

Afin de ne pas perdre l'habitude odieuse de faire la guerre aux femmes et aux enfants, l'ennemi, dans la journée du 2 avril, tira sur Paris, grandiose et admirable cible. Mais les Parisiens s'habituaient au danger et personne ne songeait à modifier l'itinéraire de ses déplacements quotidiens. Chacun avait pris seulement la sage précaution de longer les trottoirs du côté où l'on pouvait être protégé, c'est-à-dire au nord et au nord-est.

Le premier coup s'était fait entendre à 10 heures 6, à un moment où le travail battait son plein partout. L'obus, tombé au n° 13 de la rue de Médicis, démolit quelques chambres au sixième étage et un appartement du cinquième qui, par bonheur, se trouvait désert.

Notons avec plaisir que ce jour-là le gros canon boche ne tua personne.

A 10 heures 22, un second obus tomba à Bobigny, route des Petits-Ponts. A 10 heures 25, nouvelle bombe, qui, éclatant au n° 15 de la rue Béranger blessa deux femmes: madame Luc Guéry, 53 ans, couturière, et madame Eugénie Rah, 26 ans, journalière.

Enfin, à 18 heures 57, le dernier obus atteignit le n° 8 de la rue Saint-Bon, dans le quatrième, blessant peu grièvement aux jambes une jeune femme de ..? ans, madame Marie Petitjean.

Par les renseignements recueillis jusqu'alors, le haut commandement français avait acquis la certitude que la batterie de canons à longue portée qui bombardaient Paris et sa banlieue était composée de deux pièces au moins.

L'une de ces pièces ayant éclaté, la note suivante fut communiquée aux journaux:

Une des pièces allemandes à longue portée qui bombardent actuellement Paris a éclaté. On tient la nouvelle de prisonniers allemands capturés sur le front français.

Cinq hommes préposés à sa manœuvre ont été tués.

XXIII

Une alerte.

Cette nuit, (2 avril) deux groupes d'avions alle-mands franchirent nos lignes et se dirigèrent sur Paris. Immédiatement signalés par nos postes de guet, l'alerte fut donnée à 3 heures 3.

Les batteries de la défense ouvrirent un feu violent contre les avions ennemis qui durent faire demi-tour.

On signala quelques bombes dans la banlieue. La fin de l'alerte fut sonnée à 4 heures 20.

Ajoutons que les gothas qui vinrent dans la nuit du 2 ou 3 avril survoler la région parisienne ne firent aucune victime et les dégâts causés par les bombes ne furent guère considérables : il y eut surtout de nombreux carreaux cassés.

Dans la journée du mercredi 3 avril, les Allemands ne lancèrent qu'un seul obus sur Paris. Il tomba à 10 heures 5 dans le quatrième arrondissement, au n° 6 de la rue Chanoinesse, blessant une femme de 53 ans, madame Irène Lermurier, ouvrière de laboratoire. Elle ne fut, d'ailleurs, que légèrement atteinte par des débris du projectile.

A dater du 4 avril, le préfet de police, en raison des événements, décida que toutes les matinées dans les établissements de spectacle, théâtres, concerts, cirques, musics-halls et cinémas seraient supprimées jusqu'à nouvel ordre.

XXIV

Le canon a de nouveau « donné ».

Pendant deux jours, les 4 et 5 avril, il s'était
tu. On le croyait mort : il n'était qu'endormi, car
le bombardement, de nouveau, reprit le 6 avril,
à 11 heures 33, donc, tard, comme on le voit.
Volontiers paresseux pendant plusieurs jours, il
avait dû faire la grasse matinée.

Quand il poussa son premier bâillement, les
Parisiens étaient depuis longtemps au travail.
Personne ne songeait plus à lui ; il viendrait, ou
il ne viendrait pas, peu importait. Il est venu ! et
chacun de s'écrier :

— Tiens ! le voilà !

Il a été salué des mêmes exclamations dont on
accueille un convive inexact, un retardataire au
rendez-vous fixé... Comme quelqu'un qu'on n'a

pas vu depuis longtemps et dont l'arrivée inattendue surprend.

On écouta un moment pour savoir où « c'était tombé », puis chacun se remit à ses occupations ordinaires ou à ses petites habitudes.

Pas tous cependant, car ceux qui se réjouissaient à la pensée d'aller l'après-midi au théâtre ou au cinéma durent renoncer à leur plaisir. Les directeurs de spectacles obéissant aux prescriptions ministérielles ont laissé closes les portes de leurs établissements. Il n'y eut pas de matinées.

Et dans la soirée on communiquait à la presse la note suivante :

Le bombardement de la région parisienne par la pièce allemande à longue portée a continué dans la journée du 7 avril. Il y eut trois blessés.

Ces trois victimes furent :

Un vieillard de 60 ans, M. Jean Duval, atteint de quelques éclats d'obus à la jambe droite ; un jeune homme de 20 ans, M. Jean Dugué, qui reçut quelques légères blessures à la tête et aux reins, et enfin une jeune fille de 17 ans, mademoiselle Lucie Pivet, qui fut très légèrement blessée à la jambe et au côté droits.

Les obus tombèrent aux points suivants : 11 h. 33: Passage des Récollets (10ᵉ). — 12 h. 11 : 13, rue Michelet (Ec. Ph.) (6ᵉ). — 12 h. 23 : Bobigny (sur la lig. Gde-Ceint.). — 17 h. 30 : Pantin, 44, pl. de l'Eglise : 3 blessés. — 18 h. 30 : Drancy, lieu dit « La Mare-aux-Grenouilles ». — 18 h. 56 : Romainville, fossé du Fort.

On apprit vers cette époque que l'inventeur du canon à longue portée, qui bombardait la région parisienne depuis le 23 mars, était le docteur Fritz Raufenberger, auteur du plan du canon de 420 et directeur de la section d'artillerie chez Krupp.

Il fut aidé, dans cette tâche, par son élève, Otto von Eberhart, qui étudia surtout la partie ayant trait à la trajectoire des obus.

Tous deux assistèrent au départ des premiers obus tirés sur Paris.

De son côté, M. Karl Rosner, correspondant de guerre, écrivait à cette date dans le *Lokal-Anzeiger*, que le canon à longue portée qui bombardait Paris avait plutôt l'apparence d'une énorme grue grise que d'un canon réel.

Le projectile qu'il lançait mettait exactement 183 secondes pour atteindre son but.

XXV

Un obus atteint une crèche.

Un communiqué officiel du 11 avril 1918 portait :

Le bombardement de la région parisienne par canon à longue portée a continué dans la journée du 11.

Un obus a atteint une crèche. Le chiffre des victimes est de quatre tués et de vingt et un blessés.

De nouveau le « kolossal » canon boche fit entendre sa grosse voix sur Paris.

Après avoir massacré dans une église des femmes et des enfants agenouillés, il manquait à la gloire de la kultur allemande de tuer dans leurs lits des femmes en couches et de pauvres petits êtres dont les yeux venaient à peine de s'ouvrir à la lumière.

Il semble que nos ennemis aient voulu, par leurs attentats sacrilèges, accumuler sur leurs têtes les malédictions des générations futures.

Leur obus, après les églises, ne pouvait atteindre un lieu plus sacré, plus à couvert par les lois de la plus élémentaire humanité qu'un hôpital. La sauvagerie teutonne, guidée par un fatal destin, s'est manifestée en cette occasion dans toute sa férocité.

Si un certain nombre d'obus ce jour-là ne causèrent çà et là que des dégâts matériels, et des excavations où des gamins allèrent ensuite jouer à la petite guerre, il n'en fut pas de même au 125 du boulevard de Port-Royal, à l'hôpital Baudelocque.

Dans une salle toute blanche qu'égayaient les rayons d'un soleil printanier, vingt lits et vingt berceaux s'alignaient. Les accouchées oubliaient leur lassitude pour ne s'occuper que du petit être qui reposait tout à côté d'elles. Les petits cris des nouveau-nés se mêlaient aux « berceuses » chantonnées. Il y avait des babillages charmants entre ces mamans d'hier. Des femmes dévouées allaient et venaient autour des couches petites et grandes. Là on oubliait la guerre, on ne pensait qu'aux petits êtres.

La visite quotidienne des parents et des amis venait de s'achever. Les derniers visiteurs avaient quitté les chevets des mamans et des bébés. On entendait encore les « au revoir ! » joyeux, pleins d'espoir. Les infirmières vaquaient dans la salle à remettre un peu d'ordre, à refaire les lits, à changer des langes. C'était une atmosphère riante qui régnait dans ce lieu où la vie éclôt.

Il est quinze heures trente.

Soudain l'obus éclate avec fracas !

Il ouvre dans le rez-de-chaussée de ce bâtiment une énorme brèche. Du sang sur les lits blancs ! Des cris d'effroi et d'horreur retentissent. Des femmes couvertes de sang se sont levées de leur lit, malgré leurs douleurs, et s'enfuient à travers les couloirs.

De la salle bouleversée, dont les murs blancs étaient tachés de rouge, on retira trois cadavres : une accouchée, madame Chauvel, son bébé et une élève sage-femme, mademoiselle Lair.

Puis, on transporta ailleurs les blessées, six accouchées : mesdames Perros, Quelgart, Miray, Ratier, Degoix et Ménard ; deux élèves sages-femmes : Mademoiselles Hunspuicher et Loreau, et enfin trois tout petits, des blessés âgés de deux jours : les enfants Larda, Miray et Perros !

Rapidement les secours s'organisèrent. Les infirmières de l'hôpital s'empressèrent sur le lieu de l'attentat. Les femmes qui n'ont pas été touchées et les malades des salles voisines sont emportées dans d'autres services plus éloignés. Les chirurgiens, aussitôt appelés, dirigent avec leurs internes cette évacuation.

On entend les appels de pauvres femmes en proie à la terreur. Mais un cri retentit, prononcé, répété par toutes les bouches : « Ah ! les bandits ! Ah ! les maudits ! »

Les cadavres sont déposés à l'amphithéâtre. A quelques pas du lieu du sinistre, un chirurgien opère deux grandes blessées qu'on vient de lui amener.

Les pompiers arrivent. Ils s'empressent de déblayer le bâtiment atteint. Tout est pulvérisé au rez-de-chaussée. Par un heureux hasard, le plafond de l'étage supérieur n'est pas défoncé, ce qui a permis de procéder de suite à l'évacuation des femmes qui y reposaient. On marche sur du verre pilé, sur des plâtras.

Le président de la République, aussitôt prévenu, était accouru à la clinique d'accouchement.

Le spectacle affreux qui s'offrait aux regards

était saisissant d'horreur : ces lits brisés, ces draps maculés de sang, déchiquetés, ces lambeaux d'étoffes couverts de débris de toutes sortes.

Dans une salle voisine du bâtiment touché était installée une couveuse. L'un des médecins s'empressa de regarder... L'ébranlement de l'immeuble avait fait, là aussi, une victime : la barbarie boche avait accompli son œuvre.

Les habitants du quartier ne tardaient pas à connaître le point de chute de l'obus. Des parents d'hospitalisées accouraient aussitôt anxieusement s'enquérir du nom des victimes, demandaient des nouvelles des leurs. Il se produisit là quelques scènes tragiques, poignantes, mais la consigne était formelle : personne ne pouvait pénétrer dans l'hôpital. Le personnel infirmier s'empressa de rassurer les inquiétudes en recevant, à la porte même de la clinique, les personnes accourues.

XXVI

Une tragique partie de boules.

57, rue Gambetta, à Malakoff, se trouve un jeu de boules, près d'une guinguette aux tonnelles verdoyantes.

Une vingtaine de bons vieux, des sexagénaires pour la plupart, jouent aux boules avec entrain. Dans ce coin pittoresque de banlieue parisienne, ceux qui ne jouent pas trinquent en écoutant les récits des permissionnaires et les éclatements des obus du gros canon. Le cabaretier verse du « rouge » dans les verres. Les conversations vont leur train. On s'exclame aux coups réussis. On s'extasie aux prouesses mirifiques que la guerre a sucitées.

S'il était donné à quelque Boche, lecteur fidèle de ces gazettes d'outre-Rhin qui affirment que

Paris et ses environs sont en proie à la panique, de regarder ce spectacle, il n'en pourrait croire ses yeux. Ainsi, on se distrait, on s'amuse et la vie continue, normale, sous le « terrible » bombardement qui, d'après eux, terrorise Paris et « oblige les habitants à prendre leurs repas dans le Métro ! »

C'est sur une petite bicoque, servant de remise, tout à côté de ces gens tranquilles, en train de prendre leur distraction dans le plus pacifique des jeux de plein air, qu'un obus tomba.

Au moment où une boule roulait, quelque chose d'énorme s'abattit : c'était l'obus. Des joueurs furent renversés, la petite baraque flamba. Quand la poussière et la fumée se furent un peu dissipées, on releva deux cadavres parmi les débris de bois et de fer. Onze personnes avaient été blessées. Des voitures d'ambulance vinrent bientôt les chercher, et les pompiers, accourus sur les lieux, déblayèrent le sol. Toutes les vitres furent brisées aux alentours.

Les deux personnes tuées étaient Henri Biaggi, cinquante-quatre ans, et un petit garçon de quatre ans, Jean Ecalle.

Quant aux blessés, voici leurs noms : Beftrot, soixante-seize ans : Victor Proutet, soixante et onze ans : Le Calvet, trente-trois ans, soldat blessé, en traitement ; Alexandre Criton, quarante-trois ans ; Léonard Laprade, soixante-dix-huit ans ; Maurice Guguener, quarante-trois ans, et madame Ecalle, mère de l'enfant tué ; Léontine Lebon, née Ducrot, vingt-deux ans, et son bébé, Paulette, vingt-deux mois; Louise Mauduit, épouse Deslandes.

Un vieillard, assis sur un banc à quelques pas du point de chute, fut projeté dans la rue, sans une égratignure. Relevé aussitôt il racontait volontiers son incroyable aventure.

Des femmes, des enfants, des vieillards tués ou blessés, tel est le lugubre bilan du bombardement du 11 avril.

Avec les deux précédents, quatre autres obus atteignirent les points de Paris suivants : 15 h. 37 : Boulevard Kellermann (atelier des moteurs « Le Rhône » (13ᵉ). — 18 h. 7: 8, rue de la Duée (20ᵉ). — 18 h. 21 : 48, rue de Bourgogne (7ᵉ). — 18 h. 57: 35, rue Saint-Georges (9ᵉ).

XXVII

Le canon monstre le jour. — Un raid de gothas la nuit.

L'ennemi a continué à tirer sur la région parisienne dans la journée du 12 avril. Disons-le tout de suite, les neuf obus tombés causèrent peu de dégâts matériels, mais on compta deux tués et quatorze blessés. Les morts furent : M. Frédéric Juller de Baudricourt, caporal au 409ᵉ d'infanterie, en permission, atteint à la tête et décédé à Villemin, et madame Gendre, cinquante-cinq ans.

Un obus éclata dans un terrain vague qu'encadrent une chapelle, une ambulance et une école, sans faire de victime et sans commettre de grands dégâts ; une marche du seuil de la chapelle seule fut légèrement écornée par un éclat. Détail curieux : le terrain où alla choir le projectile était propriété d'un prince allemand et, à ce titre, se trouvait placé sous séquestre.

Ailleurs, un second obus arracha littéralement le toit d'une maison de cinq étages, le projectile éclata au cinquième étage pulvérisant le mobilier des locataires qui, par bonheur, ne se trouvaient pas chez eux. Les autres étages, à part le bris des carreaux, n'eurent pas à souffrir. Trois passants furent légèrement blessés par la chute des pierres dans la rue.

Un autre obus tomba 166, rue de la Chapelle sur une salle de restaurant où peu de clients étaient réunis. Il n'y eut point de mort. Deux consommateurs furent grièvement blessés et une troisième personne légèrement atteinte. A cet endroit, le plus grand dommage fut causé par un incendie qui se déclara dans l'arrière-boutique. Le commerçant avait là, en réserve, deux gros bidons d'essence, qui prirent feu, et une vaste pièce servant de bureau fut détruite. La salle du restaurant, traversée de part en part, fut entièrement bouleversée. Quelques vitres de deux maisons voisines — vieux immeubles déjà chancelants — furent brisées, des portes à demi arrachées. Dans un petit logement, six personnes — dont trois enfants — se trouvaient à table.

Une pluie de verre s'abattit dans les plats, dans les assiettes, mais les convives, brutalement surpris, s'en tirèrent sans une égratignure.

Au 79 de la rue Riquet, un obus tombant sur le mur de séparation de deux immeubles de trois étages défonça le deuxième et le premier étage sur une largeur de quatre mètres environ. L'éventrement de la façade mit à découvert plusieurs pièces de ces intérieurs modestes d'ouvriers. Le troisième étage demeura à peu près indemne. Au rez-de-chaussée, deux boutiques — une librairie et une crèmerie — furent détériorées plutôt par l'effondrement des deux premiers étages que par l'obus. Miraculeusement sauvées, une petite fille et sa grand'mère s'échappèrent tandis que le mur de leur chambre s'écroulait.

Une femme, qui se trouvait dans une chambre où l'obus explosa, fut tuée sur le coup. Il y eut en outre quatre personnes blessées dont une grièvement.

Dans le cimetière parisien de Pantin, un obus en éclatant laboura une cinquantaine de tombes.

Un projectile tomba à la fin de la journée sur une fabrique de cadres située dans un quartier populeux. Les ouvriers venaient de quitter le travail. Il n'y eut d'autres victimes que deux femmes blessées légèrement. Les dégâts matériels furent assez considérables.

Dès qu'il en eut connaissance, M. Poincaré accompagné de M. Loucheur, des généraux Dubail et Duparge, et du colonel Cordier, des sapeurs-pompiers, se rendit aux différents lieux sinistrés. Puis le Chef de l'Etat alla visiter à l'hôpital les blessés qui y avaient été transportés.

Voici les divers points de chute des obus pour cette journée du 12 avril ;

6 h. 25 : Blanc-Mesnil (Seine-et-Oise).— 6 h. 50 : Noisy-le-Sec, avenue Bobigny : *2 blessés*. — 7 h. 26 : 214, rue Lafayette (10ᵉ). — 8 h. 6 : 166, rue la Chapelle (18ᵉ) : *2 blessés*. — 11 h. 59 : Pantin, dans le cimetière parisien. — 12 h. 29 : 210, avenue Jean-Jaurès (19ᵉ). — 13 h. 31 : 79, rue Riquet (18ᵉ) : *1 tué, 3 blessés*. — 19 h. 54 : Blanc-Mesnil (Seine-et-Oise). — 20 h. 7 : 140, rue du Chemin-Vert (passage René) (11ᵉ) : *1 tué, 7 blessés*.

XXVIII

Les trois « berthas ».

On a fini par découvrir très exactement l'emplacement où se trouvaient les grosses « berthas » — ainsi qu'on appelait dans le public les canons allemands qui tiraient sur Paris.

La voie ferrée qui de Laon s'en va vers la Fére passe assez loin d'un bourg où, il y a trois cent soixante et quatorze ans, François Ier et Charles-Quint se rencontrèrent. Cette bourgade a nom Crépy-en-Laonnois. On y parlait de paix à cette époque lointaine : c'est de là aujourd'hui que tire le « Kanon ».

On a écrit d'innombrables articles sur les fameux canons Krupp, orgueil « de la science et du génie allemands », qui ont bombardé à partir du 23 mars la « place forte » de Paris, sur le nombre de ces pièces géantes que l'on estimait à deux, à quatre, et même à sept ; sur leur emplacement que l'on situait approximativement, sur leur mode de mise en batterie que l'on précisait être sur rails ; sur leur protection que l'on affirmait être un tunnel, et sur une foule d'autres détails généralement fantaisistes.

Voici la vérité exacte.

Crépy possède une gare. Un jour de novembre 1917, un avion la photographia, et son cliché aussitôt révéla que la gent boche était en train d'y installer un branchement de voie. On la laissa à son affaire. Mais l'Allemand se sentant surveillé, camoufla son « épi », dont, malgré cette astuce, on put suivre le progrès. Ils poussèrent « l'épi » jusqu'aux pentes boisées d'une petite butte appelée le mont Joie. A l'extrémité, les Allemands maçonnèrent une plate-forme en béton et la dissimulèrent avec d'infinies précautions.

Quand ils eurent fini, ils branchèrent une première ligne sur le premier « épi », aboutissant aussi sous le couvert au nord-est du mont Joie, et là, de même, aménagèrent une aire de ciment.

Durant ce temps et en deçà de la station de Crépy, les Allemands greffèrent un second grand

« épi », à plate-forme encore, construite, celle-ci, aux lisières d'un petit bois.

. Avant d'amener sur les planchers épais les trois grosses « berthas » — car il n'y eut jamais que trois de ces canons sur les trois tremplins de béton — les Allemands fortifièrent la région, pour en défendre les approches, de batteries serrées de canons antiavions. Puis il firent venir leurs colossales pièces et visèrent Paris...

Ainsi qu'on le sait, elles étaient du calibre 210 et avaient une trentaine de mètres de long, dont dix de culasse et vingt de volée. Elles se trouvaient en lisière de forêt et étaient simplement masquées par un habile camouflage formé d'un treillis recouvert de branchages se confondant avec les arbres de la forêt. Ces pièces n'étaient donc ni sous un tunnel, ni sous un abri bétonné. Elles ne tiraient point sur rails, mais étaient assises sur des plates-formes bétonnées fixes.

Tous ces renseignements furent obtenus par des photographies directes d'avions et précisées par des renseignements de prisonniers. Une carte en relief à très grande échelle fut rapidement établie afin d'indiquer l'emplacement occupé par les trois pièces.

Ces canons avaient été amenés par la voie ferrée de Laon à la Fère, grâce à un embranchement ou « épi » construit à huit kilomètres environ de Laon, sur la voie principale.

Lorsqu'elles tiraient, leurs servants avaient soin de les garder de notre vue à l'aide de fumées, et pour les garantir du repérage par le son, ils faisaient, par la mise à feu électrique, détoner synchroniquement d'autres gros canons confiés aux « épis » voisins.

Après avoir chargé ses pièces géantes, les artilleurs — qui n'étaient que des marins déguisés — se réfugiaient dans de profonds abris, n'ayant pas une absolue confiance dans l'élasticité de ces monstres d'acier. Ils se terraient quand ils se préparaient à tuer dans Paris quelques enfants de chœur ou quelques femmes, mais ils se terraient surtout afin d'éviter la rapide réplique suivante : nos canonniers, aussitôt avisés qu'un obus était parti « direction : capitale », se mettaient au travail.

Sous cette averse redoutable, il est aisé de comprendre que les Boches n'aimaient pas à flâner. Car, tandis qu'ils chargeaient tout en méditant sur la grandeur de leur génie, leur arrivait d'un coup une belle rafale de 380 de nature à transformer la terre de Crépy en paysage lunaire. Après elle en arrivait une autre, puis une autre encore la suivait ; ces trombes de mitraille s'abattant sans répit sur les servants des berthas faisaient que Crépy-en-Laonnois n'était pas un secteur des plus calmes pour les artilleurs de Guillaume chargés du bombardement de Paris.

Il y a même tout lieu de supposer que la pièce qui a été dispersée dans les airs n'avait pas éclaté d'elle-même, mais que son explosion fut provoquée par un de nos obus. De nombreux prisonniers ont affirmé en effet que l'officier et les sept servants allemands qui furent tués ne tombèrent pas au moment de l'explosion de la pièce mais furent atteints avant par un de nos projectiles qui en même temps détériora assez sérieusement la pièce pour la faire voler en éclats dès le coup suivant.

Il convient enfin de noter que chacune de ces pièces, vu l'effet de son travail, ne devait pouvoir tirer que soixante-cinq coups environ avant d'être hors de service.

XXIX

L'œuvre des gothas.

Vingt-six morts et soixante-douze blessés, tel est le bilan des victimes du raid de gothas de la nuit du 12 avril.

Il était vingt-deux heures dix. Le ciel était sans lune, mais très étoilé. Soudain, trois coups de canon retentissent. L'alerte ! Les sirènes des pompiers, traversant les rues, ébranlaient aussitôt l'air de leurs appels stridents. Les passants se hâtaient de gagner un refuge dans les abris voisins ou dans les stations du Métro.

Presque au même moment, les avions ennemis, qui avaient réussi à forcer les tirs de barrages de nos batteries, accomplissaient leur besogne de mort.

Un coup sourd... puis un second... Et pressé,

roulant, tonnant, le tir de barrage s'affirmait, si puissant, que parfois, après une rafale plus proche, les gens se demandaient : « Est-ce le canon ou les bombes ? »

Un premier projectile tomba sur la chaussée, au n° 12 de la rue de Rivoli, ouvrit un vaste entonnoir au fond duquel passait une canalisation de gaz. Celle-ci éclata. Une flamme énorme surgit vers le ciel. L'explosion fut formidable et les dégâts causés, considérables.

De toutes parts, des cris de douleur retentissent. A travers les rues, des passants, qui n'avaient pas eu le temps de trouver un abri et que l'alerte surprit, s'enfuyaient.

Mais quelques secondes à peine s'étaient écoulées qu'une autre torpille, un peu plus loin, rue Saint-Paul, 25 et 27, s'abat et éclate. Cette fois, c'est un immeuble de cinq étages, au fond d'une cour, qui a été atteint.

Des matériaux s'écroulent, cependant que, sous les décombres, des cris, des appels désespérés retentissent lugubrement, au milieu du fracas des poutres qui s'effondrent et des pans de murailles qui croulent.

Et successivement, tout à l'entour, presque coup sur coup, d'autres torpilles tombent 5 rue

Charlemagne, 9 rue Charles V, 6 rue des Lions-Saint-Paul, 16 rue des Ecouffes, dans la cour de la caserne des Célestins, et dans celle du petit lycée Charlemagne.

Cela dura quelques minutes seulement, mais ce court laps de temps suffit pour que s'accomplisse l'œuvre de mort et de dévastation.

Bientôt nos postes d'observation signalèrent le retour des avions ennemis qui, leur tâche criminelle terminée, s'empressaient de reprendre le chemin de leurs lignes.

A vingt-deux heures quarante les cloches se mettaient à sonner et la berloque retentissait à travers les rues.

L'alerte était terminée ; elle avait duré tout juste une demi-heure.

Mais lorsque tous les clochers de Paris se furent tus, les Parisiens, qui sortaient des abris, et se rassemblaient sur la chaussée, heureux d'être si tôt délivrés, virent le ciel teinté de reflets rouges. La foule courut vers le foyer d'incendie.

Les pompiers étaient là depuis déjà un long moment, occupés à lutter contre les flammes.

Que s'était-il passé ?

Vers vingt-deux heures, une détonation avait troublé le silence nocturne. Une torpille, une boule de feu, dit un témoin, était tombée sur la chaussée, sans atteindre personne. Un grand trou s'ouvrait dans le trottoir. Tout à coup une flamme jaillisait, immense, grimpant le long de l'immeuble voisin ; les vitres s'étaient brisées ; au travers des fenêtres ouvertes, des rideaux pendaient dans la rue, s'offrant à la flamme qui gagnait toujours.

La conduite de gaz s'était ouverte. Une autre explosion avait suivi celle de la bombe. Le feu montait par la canalisation suscitant de moment en moment des détonations nouvelles. Hâtivement, un témoin de sang-froid courut aux caves voisines ; puis les pompiers, dont il faut louer le grand courage, survenaient pendant que les agents écartaient la foule déjà rassemblée, malgré le danger, pour contempler le spectacle de l'immense incendie éclairant tout le quartier dans un rayon considérable.

Mais bientôt des sauveteurs accouraient. Les membres de la Croix-Rouge américaine, dont le dévouement fut inlassable, arrivèrent des premiers sur le lieu du sinistre, tandis que les pompiers s'efforçaient de circonscrire l'incendie, qui, sous la chaleur énorme du foyer allumé, menaçait de gagner les immeubles proches.

Le spectacle offrait, sous le ciel nocturne piqué

de pâles étoiles, une vision d'horreur inoubliable. Des gerbes de flammes sortant de l'immense
entonnoir creusé par la chute de l'engin s'élevaient, léchant par moments, par d'autres instants couvrant toute la surface de l'immeuble de
six étages qui n'était séparé de ce foyer d'incendie que par la largeur du trottoir. A chaque étage,
c'étaient des cris, des appels éperdus, et tout autour, dans le quartier, les bombes continuaient
à tomber, écrasant ici une construction légère, là
crevant et réduisant en miettes les trois étages
supérieurs d'un immeuble ouvrier.

Voici les impressions d'un bombardé, impressions prises sur le vif au lendemain du raid des
gothas du 12 avril 1918 :

« L'on disait, en regardant le ciel bleu si limpide au-dessus des feuilles transparentes :

— Comme il fait beau ! *Ils* viendront ce soir,
c'est certain !

Car maintenant, on est habitué ; les nuits de
printemps n'amènent plus le rêve ni la douceur
de vivre, mais le carnage et la mort. Les barbares prennent comme complices toute cette pure
tiédeur printanière, toute cette jeunesse de l'année.

On le disait d'ailleurs sans y croire tout à fait. Mais ou était « paré », comme s'expriment les marins. On avait préparé sa « toilette de gothas », les manteaux, le sac aux papiers précieux, le coffret aux bijoux, la lampe électrique, tout paisiblement, méthodiquement, presque gaîment. Et puis on attendait, le doigt sur un livre, dans le grand calme du soir ; au loin, s'achevait une valse passionnée de Chopin.

Dix heures. Un dernier regard au dehors : un semis d'étoiles presque invisibles sur un ciel laiteux. Non, décidément, ils ne viendront pas. On va dormir.

Et puis, tout à coup, ça y est : le long hurlement sinistre des sirènes, le grondement des tirs de barrage, le court silence haletant, le frémissement de la maison en éveil, les portes qui s'ouvrent, les pas qui courent, les appels qui se croisent : — N'oublie pas les clefs ! — Prends ta fourrure, surtout ! — Ne vous affolez pas, on a le temps... — Oui, comme les autres soirs !

Dans la cour, un bruit saccadé de moteur. Déjà ? Il n'y a pas une minute... Et brusquement, brutalement, tout s'abolit : un immense disque rouge tourne, tourne éperdument, un souffle d'ouragan vous colle au mur, la terre se soulève et cède, fracas formidable, pans de murs qui croulent, cataractes de verre brisé, cris aigus, enfin du noir... Cette fois, c'est fini, on est mort !... . .

. . . .

Non, pas encore. Et tout le monde se retrouve dans le décor familier de la cave, avec ses fauteuils, ses chaises, ses pliants, son petit air de tous les autres soirs. On voit danser la lumière sur les visages blêmes. Quelqu'un s'est trouvé mal, dans un coin, mais les autres sourient, échangent des propos badins d'une voix un peu sifflante. Des enfants, enveloppés dans des fichus, enroulés dans des couvertures, dorment déjà de ce sommeil calme, paisible de l'âge insouciant. On se regarde, on se compte... Du sang ? Ce n'est rien, un éclat de verre d'une vitre; une petite fille, les yeux dilatés, serre une poupée contre sa poitrine ; une grand'mère achève de s'habiller et passe méthodiquement, sans hâte, un jupon de flanelle, des bas de laine noire. Allons ! ce n'est pas encore pour cette fois. Et l'on respire à pleins poumons cet air particulier de la cave qui sent le salpêtre et les champignons. D'aucuns remontent pour aller aux nouvelles, pour savoir si ce n'est pas fini, si l'on n'entend pas le son des cloches libératrices.

Mais, dehors, une âcre odeur de poudre vous prend à la gorge. Des gens crient, courent, les mains sur les yeux. Et là-bas, au fond de la rue, une immense colonne de flammes de près de deux mètres de diamètre jaillit droite comme une flèche, s'élève à trente mètres de hauteur pour s'épanouir en gerbe dans tout le ciel qu'elle emplit d'un rouge sanglant. Une maison à cinq étages flambe ; des langues de feu sortent par les fenêtres sur lesquelles se détachent les silhouettes noires, les casques jaunes des pompiers. Les braves gens !... D'autres arrivent sur leurs voitures, à grands ronflements de moteurs. L'eau ruisselle partout des conduites crevées et l'on enfonce dans une épaisse couche de verre brisé. Déjà passent lentement des voitures d'ambulance où l'on aperçoit des formes prostrées sur lesquelles on se penche. Et la foule sort de partout, grondante, poings serrés, visages pâles, la mâchoire en avant, les yeux noirs de colère et d'indignation. On entend encore le tir de barrage. Mais qui pense au danger ? Ah ! s'ils pouvaient voir, écouter, les forbans qui rôdent encore là-haut et s'imaginent tenir une ville terrorisée ! Ce n'est pas la peur, mais la haine, le désir de vengeance qui monte vers eux, des rues meurtries.

Une femme, une pauvre femme du peuple, aux cheveux gris tombants, répète d'une voix dolente :
— Je n'ai plus rien... plus rien... plus rien...

Paris le savait, Paris n'a pas été surpris. Il était sûr que les Allemands ne s'en tiendraient pas aux attentats quotidiens de leurs grosses berthas. Les assassins n'ont pas l'habitude d'opérer en plein jour; ils font leurs mauvais coups la nuit. La nuit, c'est une opération si tentante de couper en deux des enfants dans leurs berceaux, d'écraser contre les pierres de l'âtre les vieux qui sommeillent, en songeant aux absents. C'est si tentant ! Paris, que la presse germanique représentait inquiet, mobile, agité de convulsions révolutionnaires, était décidément trop calme, trop confiant. Il fallait l'offenser, le salir, l'épouvanter par de nouveaux crimes. Et leurs avions sont revenus.

Que les assassins entonnent leurs cantiques ! Ces maisons brûlées constituent autant de trophées. Des relents de crimes rôdent tout autour : sur la voie publique, des arbres sont sciés, amputés ; les magasins et les immeubles environnants semblent comme vidés par les trous béants des fenêtres. Ailleurs, les bombes ont poursuivi leur œuvre homicide, stupidement, au hasard. Ici, l'une

d'elles, tombant dans une cour, a tué une vieille
giletière, blessé deux autres femmes ; là, une autre a défoncé le toit d'une pauvre masure et dans
ce gîte de loqueteux l'on aperçoit un misérable
lit défait ; à cause des accessoires, l'intérieur est
d'un réalisme navrant; en un troisième endroit,
un projectile n'a fait qu'écorner la cheminée. Fort
heureusement les criminels manquent quelquefois
leur but.

Voici donc un nouvel attentat de la barbarie
allemande à dénoncer à la face du monde. Quelles
raisons en donneront les apôtres de la kultur?
S'il n'y a plus de juges à Berlin, il y reste du
moins des rhéteurs. Sans doute ceux-ci prouve-
ront-ils que leur vieux bon Dieu, insatiable et
sanguinaire, exige qu'on punisse Paris de son
courage, en exterminant les femmes et les petits
enfants.

Alors Paris a simplement lavé le sang répandu,
balayé les gravats, et son âme s'est inclinée pieusement devant les victimes...

Ah ! n'oublions jamais !...

A dix heures du matin, M. Clémenceau, accompagné des généraux Mordacq et Lucotte, s'est
rendu en automobile sur les principaux points de

chute. Il fut respectueusement accueilli par la foule qui stationnait aux alentours et suivait avec anxiété les opérations de sauvetage.

Bientôt le président du Conseil était rejoint par MM. Strauss, Deslandres et Galli. Guidé par M. Paul Guichard, il visita chaque immeuble bombardé. Malgré qu'il fût inondé par l'eau qui ruisselait des étages supérieurs, ou que déversaient les lances des pompiers, M. Clémenceau séjourna longuement dans chaque maison, posant au colonel Cordier de multiples questions. Avant de se retirer, le président du Conseil, traduisant les sentiments de toute la population, assura l'officier de toute son admiration pour le régiment d'élite qu'il commandait. Puis il s'est fait conduire à l'Hôtel-Dieu où il a salué les victimes et visité les blessés.

A onze heures, M. Poincaré, président de la République, accompagné du général Duparge, de M. Raux, préfet de police, et de M. Mesureur, directeur de l'Assistance publique, alla visiter les blessés, leur adresser des paroles de réconfort et féliciter en quelques mots le personnel de son dévouement et de son zèle. Le chef de l'Etat ne s'est retiré que pour se rendre sur les divers points de chute.

On eut à déplorer que l'alerte, comme lors du raid précédent, ait été donnée trop tard.

Un peu partout les gens n'ont été prévenus du danger que par le tir de barrage et les coups de sifflet des agents bien avant que les sirènes se soient fait entendre.

En outre, aux abords des immeubles dans lesquels une bombe alluma un incendie, on comptait, après l'attentat, des milliers de spectateurs qui, sans souci d'un retour offensif des aviateurs ennemis, stationnaient, en dépit des conseils des gardiens de la paix les invitant à se retirer.

Il convient de signaler la belle conduite des militaires belges de l'hôpital Albert Ier, qui, sous la direction de leur chef, le lieutenant Lanckswert, furent les premiers à se rendre sur les lieux bombardés et assurèrent avec diligence la relève des blessés. Monseigneur Amette et M. Clémenceau les ont, du reste, vivement félicités.

Les gothas, qui ont causé tant de ravages dans le quatrième arrondissement, notamment n° 2 de la rue de Rivoli, n'étaient que deux. Ils ont dû arriver sur Paris par le sud. Dès qu'ils eurent atteint le point de bombardement qu'ils avaient choisi, ou qui leur avait été fixé, ils ont lâché précipitamment leurs projectiles, de telle sorte que la partie éprouvée fut très restreinte — le parcours de bombardement des gothas n'a été que d'environ cinq cents mètres.

Les appareils ennemis volaient à une faible hauteur ; plusieurs personnes les ont aperçus et ont remarqué la traînée lumineuse du phare de chaque avion au début du bombardement. Ce fait a attesté une fois de plus que l'ennemi aérien ne jetait pas toujours ses projectiles au hasard. Ce n'était pas la première fois qu'on avait observé ce détail ; il fut déjà noté lors des visites de zeppelins, lesquels, avant de bombarder, donnaient toujours « un coup de projecteur » pour reconnaitre l'endroit au-dessus duquel ils se trouvaient.

Leur mauvais coup fait, les avions boches ont filé vers l'Est à toute vitesse, disparaissant dans la nuit, qui était très profonde.

L'alerte a été donnée au moment où le bombardement s'accomplissait, et il serait ridicule de nier qu'il y ait eu surprise, de même qu'il serait profondément injuste d'accuser de négligence les guetteurs qui ont fait tout leur devoir, mais qui n'ont rien entendu parce qu'ils ne pouvaient rien entendre.

La guerre aérienne, qui n'en était plus à ses débuts, avait sa tactique et ses ruses.

L'avion qui se dirige vers un point se signale la nuit par le bruit de son moteur ; si ce bruit cesse, il peut passer inaperçu. Or, les pilotes allemands, imitant le procédé employé par nos aviateurs lorsqu'ils vont au-dessus des lignes ennemies, montent à une grande altitude, et, en vol plané, passent silencieusement sur les points où ils savent que sont placés des postes d'écoute.

Il est aussi une autre ruse de guerre qui fut parfois employée par les Boches. La voici : si, par exemple, une de nos escadrilles va bombarder la nuit un point du territoire ennemi, un ou deux avions allemands guettent le retour de nos aviateurs et, dès qu'ils sont passés, ils suivent derrière, ils « collent », comme on dit, l'escadrille française, à courte distance. Un ou deux avions de plus ne se remarquent pas toujours et c'est ainsi qu'une ligne d'écoute peut être franchie.

Voilà pourquoi il importe de ne pas accabler ceux qui veillèrent sur Paris. Ils firent tout leur possible pour protéger la population, mais, quand on n'entend rien. on ne peut signaler une escadrille de malfaiteurs teutons qui chemine silencieuse dans la nuit ; il convient de ne pas être injuste envers les braves Français qui passaient la nuit à regarder le ciel où l'on ne distinguait rien et à écouter des bruits qui, parfois, étaient peu perceptibles.

C'est donc par ruse que, cette nuit-là, les Allemands bombardèrent un coin de Paris.

XXX

Bombardements de jour et de nuit.

Pour la première fois, dans la nuit du 13 au 14 avril, Paris a été bombardé par le canon à longue portée.

Ce fut une surprise pour les Parisiens d'entendre dans leurs lits le bruit des détonations.

On crut, tout d'abord, à une explosion, au loin, dans la banlieue, puis à des essais de tir, au mont Valérien ou ailleurs ; un moment on songea aux gothas.

Mais on fut vite au courant. Le son du supercanon était suffisamment familier à la population parisienne pour qu'elle puisse s'y tromper longtemps. La grosse voix du monstre d'acier ne tarda pas à être reconnue. C'était donc bien lui qui, cette nuit-là, bombarda Paris.

On l'avait d'ailleurs déjà entendu dans l'après-midi du 13 et le communiqué suivant avait été adressé à la presse :

Le canon à longue portée a continué à tirer sur la région parisienne dans la journée du 13 avril. Il n'y a pas eu de victimes.

Les Parisiens, qui s'habituent très vite à tout, se demandaient pourquoi le fameux canon ne les bombardait pas la nuit. On objectait cependant que l'obstacle au tir nocturne provenait surtout de la lueur du coup de feu, lueur considérable en raison de la charge et qui permettrait de repérer facilement la pièce.

Les correspondances du front ont attesté que ce repérage avait été fait, que trois pièces, dont une hors de service, étaient installées à Crépy-en-Laonnois, pour arroser Paris d'obus. Le repaire ayant été ainsi révélé, les Allemands avaient sans doute pensé qu'ils pouvaient se dispenser de prendre les précautions habituelles, et alors le tir nocturne commença dès minuit, heure classique des crimes.

Tous ceux qui ne dormaient point perçurent un bruit assez sourd sans penser tout d'abord au canon de Crépy. On crut à une explosion lointaine ; mais un second coup suivit, puis d'autres, et force fut de reconnaître alors sans hésitation possible le son du canon.

Les dormeurs, réveillés en sursaut, restèrent cependant indécis. Les uns gagnèrent les caves de leur maison, les autres, moins craintifs, continuèrent leur somme. Dans la rue, personne! Aucun badaud ne pouvait songer à aller aux nouvelles, car il pleuvait à verse. Et les obus tombèrent de temps à autre, avec la pluie.

Un grand trou fut ouvert dans une voie large, éventrant le sommet de l'égout ; ailleurs une maison se trouva criblée d'éclats ; ailleurs encore un hangar fut démoli ; enfin, dans le cimetière du Père-Lachaise, un projectile endommagea quelques tombes.

Aucun blessé nulle part, des dégâts peu importants, tel est le bilan du premier bombardement nocturne de Paris dont voici les différents points de chute avec ceux du bombardement diurne : 18 h. 45 : Halle aux Vins (5e). — 19 h. 4 : Place du Combat (10e). — 19 h. 40 : Romainville, terr. mil. du fort. — 19 h. 50 : Pré-Saint-Gervais, 4, rue L.-Rollin. — 0 h. 20 : boulevard Sérurier (19e). — 0 h. 40 : 10, rue Lagrange (5e). — 0 h. 59 : 15, rue de Lyon (12e). — 1 h. 18 : Cimetière du Père-Lachaise (20e).

XXXI

Le canon a tué une femme.

Le canon de Crépy a recommencé son tir dans l'après-midi du 14 avril.

Le premier obus, lancé à 13 heures 49, atteignit le faîte de l'immeuble du 125 de la rue de Crimée (19e), quartier populeux qui n'en était pas à son premier bombardement. L'engin démolit une partie du sixième étage de la maison sur laquelle il s'était abattu, y tuant la locataire, madame Boucher, âgée de 36 ans.

Ce fut la seule victime de l'après-midi; un second obus lancé à 14 heures 30 ne fit qu'un entonnoir dans un terrain vague de la rue Botzaris (19e); un troisième, à 15 heures 35, tomba dans la Seine, non loin du Pont-Neuf.

XXXII

Bombardements de nuit et de jour.

La grosse pièce allemande recommença son tir dans la nuit du 15 au 16 avril. Cinq obus tombèrent sur la région parisienne, faisant la plupart beaucoup plus de bruit que de mal. A 0 h. 55, un premier atteignit le 17 de la rue du Débarcadère, à Pantin ; à 1 heure 36, un second s'abattait au 293 de la rue du Faubourg Saint-Antoine (11ᵉ) ; un troisième, à 1 heure 58 tombait de nouveau à Pantin, sur la gare de triage de Bobigny ; un quatrième, à 24 heures 19 frappait une voie ferrée du 18ᵉ arrondissement. Enfin, le dernier projectile à 2 heures 39, atteignait au n° 35 du quai de l'Horloge, (1ᵉʳ) un très vieux bâtiment de trois étages situé au fond d'une cour et explosait entre le toit et l'étage supérieur. Le parquet séparant le troisième étage du second et tout un pan de l'immeuble s'écroulèrent dans un fracas épouvantable. Tirés de leur sommeil de façon aussi tragique, les voisins accoururent sur les lieux, et commencèrent à travailler au sauvetage dès que la poussière aveuglante produite par la catastrophe se fut dissipée.

Bientôt on retrouva sous les décombres le cadavre de la locataire du troisième étage, madame Hélix, 42 ans, qui, le visage écrasé et les reins atteints par des éclats, avait été tuée sur le coup, dans son lit pulvérisé.

Parmi les plâtras on découvrit également les deux locataires du second sur qui s'était écroulé l'étage supérieur, M. et madame Brugillole, le mari âgé de 54 ans et la femme de 52. Tous deux, gravement blessés par des éclats et la chute de matériaux, furent transportés à l'Hôtel-Dieu.

Un autre obus, pénétrant au rez-de-chaussée d'un immeuble, dans une boutique d'opticien, détruisit tous les instruments et le matériel.

Le président de la République visita les endroits sinistrés.

Dans l'après-midi du 16, le bombardement reprit et malheureusement il y eut 16 tués et 14 blessés.

Le premier obus, lancé à 15 heures, tomba à Bobigny, dans un champ, où il ne fit qu'un entonnoir. Un autre, arrivé à 16 heures 41, atteignit en plein une péniche qui naviguait sur le canal de l'Ourcq, devant le n° 31 du quai de l'Oise et la coupa en deux. Les mariniers se jetèrent à l'eau et en furent quittes pour un bain forcé. Par un hasard providentiel il n'y eut aucune victime.

Il n'en fut pas de même avec celui qui, à 17 heures 7 toucha l'usine Schneider, 2 rue François-Bonvin, dans le 15e. Là il y eut 9 morts et 93 blessés que l'on transporta à l'hôpital installé au lycée Buffon. L'engin, défonçant une toiture vitrée, éclata en touchant le sol, projetant dans toutes les directions ses éclats et ses débris de toutes sortes.

Un dernier obus, ce jour-là, à Pantin, 58 rue Denis Papin, tua 7 personnes et en blessa 21.

Trois jours après, le 19, nouveau, mais cette fois timide bombardement. Le gros canon ne lança ce jour-là que 3 obus: à 17 heures 54, un premier projectile tomba sur le 67 de la rue de Lancry, dans le 10e, atteignant une fonderie industrielle d'œuvres d'art et réduisant en miettes des maquettes et des bronzes; c'est dire que les dégâts matériels furent importants. L'engin, après avoir pénétré par le toit, traversa les plafonds des deux étages avant d'exploser.

On n'eut aucune victime à déplorer : les 35 ouvriers qui travaillaient dans ces ateliers venaient de quitter l'immeuble.

Les pompiers, aussitôt accourus sur les lieux bombardés, procédèrent au déblaiement des ateliers. La cour était jonchée de morceaux de bronze et de débris de plâtre. Un mur de soutènement ayant été touché, des travaux de consolidation furent exécutés sur le champ.

A 18 heures 55, un second obus creusa un entonnoir en tombant dans un champ à Bobigny. Enfin, à 19 heures 15, un troisième engin chut à Bondy, à l'angle des rue de Paris et route d'Aulnay.

Le 21 avril, le canon allemand ne lança que deux obus : l'un, à 18 heures 45, sur les abattoirs de la Villette, et l'autre, à 20 heures 3, sur la gare de la Villette.

Il semble bien que les mesures employées pour contre-battre le canon de Crépy-en-Laonnois tirant sur Paris furent de quelque efficacité, car le 22 et le 23 il resta silencieux et, comme la nouvelle se répandit qu'un obus français, heureusement

« placé », avait fort maltraité les servants de la
pièce boche, on avait quelque peu exagéré le résultat de notre bombardement.

Les servants d'artillerie se remplacent ; la preuve
en fut donnée le 24 avril, car le canon à longue
portée, pour la 21me fois depuis le 23 mars, fit entendre sa voix. Mais cette voix, à la vérité, fut si
faible, si faible, que bien peu d'habitants de l'agglomération parisienne l'entendirent. Et ceux qui
la perçurent ne daignèrent point s'en émouvoir :
l'habitude en était prise depuis longtemps.

Un projectile, à 17 heures 10, alla s'abattre à
Pantin, 23 rue de Paris, dans un jardin, au beau
milieu d'un parterre de bégonias.

XXXIII

Encore une jeune femme tuée.

Le bombardement de Paris continua, à interval
les espacés, de jour et de nuit ; il eût été surprenant que les Allemands laissassent s'écouler un
jour semblable à celui-ci sans tenter queque nouvel et lugubre exploit. Avertis sans nul doute
qu'en ce jeudi 25 avril étaient célébrées les premières communions dans de nombreuses églises
de Paris, il leur eût été agréable d'éclablousser de
quelques taches sanglantes les robes liliales des
enfants. Hâtons-nous de dire qu'ils n'y réussirent
point.

Un de leurs projectiles, cependant, après avoir
atteint le toit d'un haut immeuble, 22 rue Soufflot
(5ᵉ) et traversé le sixième où ne se trouvait aucun
locataire, éclata au cinquième blessant fort griè-

vement une jeune femme. Cette victime des Boches, mademoiselle Hélène Girardot, âgée de 21 ans, était bonne chez un coiffeur, M. Prévost. Depuis un certain temps elle couchait au rez-de-chaussée et, craignant le bombardement, elle avait décidé de quitter Paris. Elle devait prendre le train le lendemain ; aussi crut-elle devoir passer sa dernière nuit dans sa chambre. Dangereuse inspiration, car l'obus tomba à 7 heures 10 du matin, alors qu'elle dormait encore, la mutilant affreusement ; la malheureuse mourut dans l'après-midi à l'hôpital.

Les autres projectiles ne causèrent que des dégâts matériels. L'un tomba dans un atelier où heureusement il n'y avait personne ; les autres bouleversèrent des jardins ; un de ceux-ci pulvérisa une quantité de cloches à melons.

Voici les points de chute des 8 obus lancés ce jour-là : 2 h. 10 : 143, rue Flandre (Raf. Sommier). — 5 h. 15 : Drancy, route de Saint-Denis. — 7 h. 6 : 22, rue Soufflot (5e) : 1 tué. — 7 heures 30 : Drancy, dans un champ. — 12 heures 34 : 108, rue Saint-Maur (10e). — 14 h. 15 : Bobigny, 60, rue la République. — 19 h. : Pantin, cimetière de Pantin. — 23 h. 25 : 2, place du Maroc (19e).

XXXIV

Deux raids de gothas.

Le communiqué officiel concernant le raid de gothas du 21 mai 1918 s'exprimait ainsi :

Des avions ennemis ayant été signalés par nos postes de guet se dirigeant vers Paris l'alarme a été donnée à 22 heures 40.

Les divers moyens de défense ont été mis en action ; de violents tirs de barrage ont été déclenchés et nos escadrilles ont pris l'air. L'ennemi a lancé un certain nombre de bombes sur diverses localités de la banlieue. On a signalé des victimes et des dégâts matériels: Aucun appareil ennemi n'a pu atteindre Paris. L'un d'eux, touché par l'artillerie du camp retranché de Paris, s'est abattu en flammes au nord de la capitale.

La fin de l'alerte a été sonnée à 1 heure.

Après une journée lourde, chargée de gros nuages pleins de menaces orageuses, le ciel, dans la soirée du 24 mai, au crépuscule, s'était presque entièrement dégagé. La brise de terre qui, par instants, avait soufflé, se calma peu à peu. La lune, à deux jours de son plein, brillait avec éclat, semant d'ombres brutales et de larges clartés toute la région parisienne.

C'était l'idéale nuit d'alerte. Et les avions boches n'allaient point manquer d'en profiter.

Aussi, à 22 heures 40, les sirènes fixes, puis bientôt celles des pompiers donnaient l'alarme aux Parisiens, nombreux encore à cette heure et par cette belle soirée, sur les boulevards et sur les places publiques. Dès que l'alerte fut donnée, comme si c'eût été une chose attendue, il n'y eut nul trouble, nul émoi ; chacun prit le chemin de sa cave ou des abris à proximité.

La canonnade, cette fois, fut très nourrie pendant presque toute la durée de l'alerte. On perçut des détonations variées, ce qui donna lieu à maints commentaires. Certains entendaient des éclatements de torpilles et, mieux encore, des écroulements. C'était pure imagination. Pas un avion ne vint sur Paris.

Un premier groupe d'appareils ennemis avait

été signalé au moment où il franchissait nos lignes.

Accueilli par la violence des feux de barrage de nos postes de D. C. A. (défense contre avions), il avait d'abord hésité, puis, renonçant momentanément à prendre la route de Paris, il avait obliqué, tandis qu'autour de la capitale les feux de barrage redoublaient d'intensité.

L'escadrille ennemie laissa tomber ses projectiles sur un point de la grande banlieue, causant la mort de 3 personnes et en blessant 18 autres; puis elle avait repris le chemin de ses lignes.

Ce ne fut pas sans dommage pour l'adversaire, car à minuit on apprenait qu'un avion ennemi avait été abattu en flammes.

Vers le même temps, une nouvelle vague d'appareils allemands était signalée se dirigeant vers la capitale.

Cette fois encore, elle dut y renoncer et ne put que semer quelques bombes ou torpilles qui abîmèrent des jardins ou des cultures, sans blesser personne.

Le tir de barrage s'était ralenti vers minuit quinze et avait cessé depuis quelque temps déjà lorsque la berloque et le carillon des églises annoncèrent, à 1 heure, que l'alerte était terminée.

Déjà beaucoup de Parisiens avaient repris leur somme sans attendre l'invitation officielle.

Le raid ennnemi, dans la nuit du 22 mai, fut donc marqué par un double insuccès : l'impossibilité d'atteindre l'objectif principal, Paris, et la perte d'un des appareils engagés dans cette opération.

C'est sur le territoire de la commune de Chevrières, près de la ferme Lormont, qu'est venu tomber l'avion allemand.

Chevrières est un bourg de 1.000 âmes environ, situé à 70 kilomètres de Paris et à 14 de Compiègne, sur la grande ligne de chemin de fer de Saint-Quentin. Il se trouve dans une vaste plaine, accidentée en maints endroits cependant, et où, malgré les dangers quotidiens et variés dus à la proximité du front, la grande culture s'est poursuivie sans relâche durant toute la guerre.

Dès 10 heures, le soir du 22 mai, les canons de la D. C. A. tonnèrent furieusement, striant parfois le ciel de rais lumineux. Puis on perçut des bruits de moteurs que les oreilles accoutumées de bien des habitants de la région eurent tôt fait d'identifier.

Un bref intermède de quiétude, et le dramatique spectacle reprit. C'étaient les gothas qui revenaient de la région parisienne.

A minuit 40, le ronronnement d'un avion boche fut nettement entendu entre la boucle de l'Oise et Chevrières.

Il cessa brusquement.

Quelques instants après, une énorme gerbe de flammes s'éleva du sol dans la direction de la ferme Lormont. On crut d'abord qu'une bombe avait été lancée sur une habitation ; des secours s'organisèrent rapidement. Mais lorsque les voisins arrivèrent sur les lieux de l'incendie, ils aperçurent un enchevêtrement de débris qui achevaient de se consumer.

Du gotha, si bruyant tout à l'heure, il ne restait plus qu'une masse informe, plus pitoyable qu'impressionnante.

Cet épisode de la bataille aérienne du 22 est tout à l'honneur de notre D. C. A., car son action fut aussi prompte qu'énergique. Devant son salut empressé — sinon cordial — plusieurs pirates jugèrent prudent de rebrousser chemin au lieu de poursuivre leur route *nach Paris.*

XXXV

Deux alertes.

Dans la nuit du 22 au 23 mai, vers 23 heures 30, le tonnerre roulant de la canonnade et le mugissement des sirènes d'alarme avaient de nouveau réveillé les Parisiens.

Quelques bruits de moteurs ennemis, en deçà de nos lignes, avaient déterminé cette alerte.

Malgré le ciel incertain, où s'effilochaient de longs nuages pommelés prometteurs d'orages, les avions allemands pouvaient tenter l'aventure. Aussi, ceux que nos veilleurs venaient de signaler, semblaient-ils vouloir prendre la direction de Paris. Les feux de barrage de nos artilleurs ne leur en laissèrent pas le loisir.

Un seul, cependant, réussit à passer. Il ne put, du moins, franchir le rideau de mitraille tendu sur la banlieue parisienne par nos projectiles, dont l'incessant éclatement ponctuait le ciel de lueurs fugitives, mais redoutables. Et ayant laissé tomber sans dommages des engins sur la campagne, il s'éloigna à force d'hélice, poursuivi par nos aviateurs.

A minuit 12, la berloque prévenait les habitants de Paris qu'ils pouvaient aller se recoucher.

Nos défenseurs avaient fait bonne garde.

Il était exactement 1 heure 24 lorsque 5 détonations violentes réveillèrent les Parisiens qui venaient à peine de se remettre au lit. C'étaient les Boches qui revenaient ! Plus de 30 avions ennemis participèrent à cette randonnée.

Les sirènes se reprirent à mugir, les pompiers repassèrent bruyamment, et vers les abris se hâtèrent les gens arrachés au sommeil.

La canonnade commença aussitôt et bientôt fit rage ; pendant près de 2 heures les détonations se succédèrent sans interruption. Le ciel était parsemé de points lumineux produits par autant d'éclatements de nos projectiles. Malgré les prudents conseils prodigués, de nombreux curieux s'obstinèrent à stationner sur le seuil des portes pour regarder les éclatements d'obus ; le spectacle en valait certes la peine, mais combien dangereux, car nombre de ces badauds furent blessés par la chute des éclats.

C'est qu'en effet le tableau qu'offrit le ciel pendant les alertes de cette nuit était véritablement féerique. Des nuages traînaient, voilant par instants complètement la lune et, à ces moments, l'obscurité était beaucoup plus complète que pendant les nuits précédentes.

Les tirs de barrage déclenchés dans toutes les régions environnant Paris éclataient brusquement et l'on voyait soudain au ras du sol de subites lueurs groupées qui marquaient le départ des coups et, là-haut, quelques secondes après, on apercevait l'explosion de l'obus qu'indiquait une détonation sèche que l'écho répercutait.

Les projecteurs fouillaient méthodiquement la nuit et leurs rayons minces accrochaient des lumières fugitives aux nuages. On pouvait ainsi constater l'excellente manière dont Paris était défendu.

Lorsque le bruit caractéristique d'un moteur dénouçait l'ennemi, des points les plus éloignés de la banlieue les projecteurs étaient braqués sur l'avion encore invisible et immédiatement les batteries commençaient leur feu.

Les étoiles des explosions, exactement groupées,

naissaient et s'effaçaient tour à tour. Les projecteurs allongeaient leurs rayons, les obus les suivaient et les étoiles montaient au zénith. Le ronflement du moteur s'accentuait, un sentiment d'inquiétude serrait étrangement le cœur du spectateur.

Tout à coup, un sifflement, et presque aussitôt sur le sol une gerbe de flammes, la canonnade redoublait d'intensité, les coups se succédaient ininterrompus. D'autres sifflements, d'autres gerbes de flammes: l'avion avait jeté toutes ses bombes.

Et puis voilà que les rayons blancs des projecteurs revenaient brusquement en arrière, le canon les suivait, le ronflement s'atténuait. Tout cela disparaissait dans un coin du ciel ; les batteries qui tiraient un instant auparavant se taisaient et d'autres plus loin, ayant pris la suite, continuaient à leur tour.

L'avion boche était ainsi accompagné jusqu'à la dernière minute.

Un seul appareil ennemi avait pu franchir les tirs de barrage et survoler Paris.

Il y était du reste à peine entré qu'aveuglé par nos projecteurs, encadré par les éclatements de nos obus, il n'eut plus qu'une préoccupation : s'enfuir.

Rapidement, il se débarrassa de ses 4 bombes qui tombèrent groupées dans un périmètre extrêmement restreint.

Un projectile traversa la verrière centrale du grand hall de la gare d'Orléans-Austerlitz et ouvrit dans le sol une excavation de 2 mètres de profondeur. Il n'y eut que des dégâts matériels, surtout de nombreuses vitres brisées, mais nulle victime.

Survolant ensuite le boulevard de l'Hôpital. il laissa tomber ses trois autres bombes aux n°ˢ 104, 106 et 108 de cette voie.

Le premier projectile atteignit un petit hôtel meublé dont tous les locataires étaient heureusement descendus dans les abris. Aucun d'eux ne fut touché. Mais par un hasard malheureux, des éclats de cette bombe allèrent frapper, dans une habitation située en face, une femme, madame Rasselet, qui venait, en compagnie de son fils, soldat en convalescence, de remonter de la cave, croyant l'alerte terminée. M. Rasselet, qui était blessé, fut conduit à l'hôpital ainsi que sa mère à qui on dut faire l'amputation du bras gauche.

Le second projectile tomba dans une petite cour, près d'un pavillon appartenant à un entrepreneur, dont toute la famille se trouvait au rez-de-chaussée.

Ce pavillon, de 2 étages, fut ébranlé par la force de l'explosion, qui abattit la cloison de la salle à manger, où se trouvaient réunis les locataires et la concierge. Là, une femme a été tuée, madame Giovallini, âgée de 50 ans, le mari, M. Giovallini, 58 ans, et deux enfants blessés, ainsi que la concierge. Au premier étage dormait un bébé. On se précipite, appréhendant un nouveau malheur : l'enfant était indemne.

A côté, la déflagration provoqua l'effondrement du toit d'une toute petite maison et deux travailleurs coloniaux, sujets algériens, Mohammed Nabusine, 28 ans et Mohammed Bourraz, 25 ans, furent blessés. Inutile de dire que les carreaux des alentours furent pulvérisés.

Le troisième projectile, en tombant un peu plus loin, entre une station du Métropolitain et des magasins, ne produisit en explosant que des dégâts insignifiants.

Il était 3 heures 30. Bientôt les sonneries des cloches de toutes les églises de Paris remplacèrent le grondement de la canonnade. L'alerte était terminée. Et tandis que chacun sortait des abris pour regagner son domicile, on entendait au loin les voitures des pompiers sonnant la berloque.

Au cours de la deuxième alerte, un obus de la

défense contre avions tomba sur le sixième étage
d'une maison située dans la région nord de Paris.
Il traversa un appartement et s'arrêta sans exploser au cinquième étage.

La banlieue souffrit davantage que Paris au
cours des deux derniers raids. Les avions ennemis, violemment rejetés de la zone parisienne, se
délestèrent en grande partie de leurs engins sur
la banlieue.

Sur un des points de la grande banlieue où furent
jetées seize torpilles, il y eut 6 morts : madame Augustine Leriche, née Olivier, 29 ans, rapatriée de la
Fère (Aisne) ; puis les membres de la famille Motelet, composée du père, de la mère, de jeunes filles
âgées respectivement de 18 et 13 ans, et d'un bébé
de 6 mois. Les cadavres de ces cinq personnes furent retrouvés sous les décombres d'un pavillon
écroulé. Un fils de M. et Mme Motelet, M. Henri
Motelet, 28 ans, réformé de la guerre, vivait encore.
On le transporta dans un état grave à l'hôpital.

Sur un autre point de la banlieue parisienne,
où deux bombes tombèrent, il y eut encore deux
morts : M. Colon, poseur de voies, et M. Frison,
employé retraité de la Compagnie de chemins de
fer de Paris-Orléans. Puis 4 blessés, M. Biénet, sa
femme et leurs deux jeunes enfants.

Dans la matinée du vendredi 24 mai, M. Poincaré, président de la République se rendit dans les localités des environs de Paris où les avions ennemis avaient jeté des bombes la nuit précédente. Le chef de l'Etat était accompagné du général Dubail, gouverneur militaire de Paris, et de nombreuses personnalités civiles et militaires.

La leçon qui se dégagea des deux derniers raids fut qu'il n'y aurait eu aucune victime à Paris si tout le monde, obéissant aux conseils de prudence maintes fois donnés, s'était abrité dans les caves.

Mais la nuit était belle. Après une heure de séjour dans les sous-sols, l'ennui était venu et chacun remontait au grand air. C'était une pratique dangereuse.

A Paris, comme aux environs, les bombardements successifs par gothas n'avaient point affaibli le moral courageux de la population. On prenait l'habitude de ces alertes répétées, trop peut-être, car on négligeait de rester dans les abris. De petits commerces étaient nés par suite de la visite des gothas ; on vendait des éclats de bombes qui, le plus souvent, n'étaient que des éclats d'obus du tir de D. C. A. Il y avait des abris dans le centre de Paris où on était à peu près certain de trouver de quoi satisfaire sa soif et, malgré toutes les tristesses de l'heure présente, on plaisantait, on jouait aux cartes, on narguait les gothas ; on ne se quittait plus dans la journée sans échanger un cordial : « A ce soir, dans la cave ! »

Disons un mot des sirènes d'alarme.

Autour de la sirène fixe de Notre-Dame, installée vers le milieu d'avril 1918, étaient venus se grouper d'autres appareils d'alerte, dont on pouvait apprécier les services et qui, si elles ne satisfaisaient pas tout le monde, étaient cependant traités moins sévèrement qu'au début.

Les 14 appareils d'alerte qui fonctionnaient alors étaient installés aux points suivants : Notre-Dame, Ecole de droit, Saint-Sulpice, gare de Lyon, réservoir de Montmartre, tour Eiffel, hôtel Astoria, avenue Daumesnil, Opéra, sur les mairies des 3e, 10e, 11e, 14e et 15e arrondissements.

La principale défense de Paris contre les avions allemands résidait dans la région comprise entre Compiègne et Creil. Rien n'était plus réconfortant que cette organisation.

Quel joli paysage que celui du Valois ! L'horizon y est borné par de hautes collines boisées. Dans la large plaine, les boqueteaux et les fourrés alternent avec des champs immenses de froment et de betteraves ; paysage le plus français de tous où la grâce se mêle à l'indispensable pain quotidien. Et à travers ces bois et ces emblavures, les routes superbes du Valois si souvent bombardées par les avions boches.

Cependant la région n'était qu'un faisceau effroyablement redoutable pour les oiseaux du Kaiser. Dans toutes les clairières, des saucisses ; dans tous les coins de fourrés, des canons : tout un réseau de filets et de feu.

Pourtant, nombreux furent les appareils allemands qui, passant au-dessus de Compiègne, voguèrent vers Paris.

Un réfugié de Compiègne disait :

— Ce n'est jamais quand ils viennent qu'ils nous bombardent, c'est quand ils retournent.

Cette rage, cette hâte, qu'avaient les pirates à se débarrasser de leurs projectiles, s'accusaient à chaque pas dans le Valois bombardé.

— Et ce bombardement de Compiègne fut effroyable ?

— Depuis plusieurs mois, ajoutait le Compiégnois, en 1918, il ne s'est presque point passé de nuit que nous n'ayons été inondés de torpilles.

Mais malgré les maisons démolies, les rues éventrées, mes concitoyens bravaient le danger. Nous avions des souterrains immenses et voûtés. C'était là, comme des troglodytes, que nous avions installé notre refuge. Nous y avions transporté matelas et couvertures, et une fois là, que se déchaîne la tempête ! Et malgré ce saccage, savez-vous combien nous avons eu de tués parmi les civils ? Deux seulement.

Peut-être notre Compiégnois est-il au-dessous de la vérité. Mais cet orgueil qui lui faisait narguer la foudre boche n'était-il point la caractéristique même de la vieille ville médiévale, avant-poste de Paris ?

A la vérité, c'est toute cette région qui a supporté une partie du feu et de la mitraille destinée à la capitale.

XXXVI

Vaine offensive contre Paris.

Par le canon.

Le samedi 23 mars 1918 deux jours après le début de l'offensive allemande, Paris reçut, vers 7 heures du matin, le premier obus tiré par les canons à longue portée établis à Crépy-en-Laonnois.

On se souvient encore de l'émotion qu'il causa. Pendant plusieurs heures les hypothèses les plus invraisemblables furent émises. On crut d'abord aux gothas et l'alerte n° 2 était donnée dans la matinée. La régularité des coups infirma cette supposition. On crut à des ballonnets qui, dirigés par les ondes hertziennes, laissaient tomber des bombes sur Paris ; on parla d'un canon monté sur zeppelin... Mais, dans la soirée, on était définitivement fixé sur la réalité et même sur la position du gros canon.

Depuis lors le bombardement continua avec plus ou moins de régularité; on eut parfois 3 et 4 jours de répit, puis, le 2 mai, l'envoi des projectiles cessa, et pour cause. La région parisienne comptait alors 26 bombardements.

Au début d'avril, en effet, on apprenait qu'un des 3 gros canons avait sauté, tuant ses servants; un autre, un peu plus tard, était atteint par nos artilleurs, par un Parisien même qui trouvait ainsi le moyen de venger, le premier, sa ville natale.

Le 3 mai, enfin, alors que depuis deux jours le bombardement avait cessé, un repérage précis de nos aviateurs avait permis à notre grosse artillerie, tirant à 30 kilomètres environ, d'imposer silence à la troisième et dernière bertha en la mettant hors d'usage.

De sorte que durant 25 jours Paris goûta une tranquillité qu'il ne connaissait plus depuis le 23 mars.

Mais ce n'était pas pour longtemps.

A vrai dire, personne ne pensait que les Boches eussent abandonné leur projet de bombarder la capitale. C'eut été mal les connaître. Contrariés dans leurs tentatives par la précision du tir de nos batteries, ils ne devaient pas tarder à recommencer leur action criminelle. Tout en déclenchant leur ruée formidable, ils se sont livrés sur le moral du public parisien à une de ces manœuvres d'intimidation dont ils étaient coutumiers. La population de la région parisienne a néanmoins gardé son calme. C'était la plus fière réponse à faire aux barbares.

Lorsque, le 27 mai 1918, à 6 heures 30 du matin, on perçut le bruit de l'éclatement d'un premier obus, il n'y eut aucune hésitation parmi les Parisiens. On reconnut tout de suite le son particulier de la grosse bertha, ce qui n'empêcha pas chacun de se rendre à ses affaires ou à ses plaisirs. L'effet moral fut absolument nul; il y eut de la curiosité, on voulait savoir où les obus tombaient, et, malgré les consignes sévères pour interdire la désignation des points de chute, quelques heures après que l'événement s'était produit, il n'était pas un Parisien qui ne fût à même de désigner les points atteints et de donner des détails sur les effets du bombardement.

C'est pour cette raison que dans la soirée la censure adressait à la presse la note suivante:

Par un communiqué bi-quotidien, le gouvernement tient le public au courant des opérations militaires et de leur développement. Pour le bombardement de la région parisienne, il n'en peut être de même.

S'il est sans inconvénient d'indiquer les positions où nous nous trouvons au contact même de l'ennemi, ce serait un véritable crime que de permettre aux Allemands, par des détails que nous leur fournirions, de rectifier un tir des moins précis.

Il est donc interdit d'annoncer les points de chute comme de les faire connaître par allusions.

C'est dans l'intérêt même de la population qu'est prise cette mesure de bon sens.

Aujourd'hui que les mêmes motifs ne subsistent plus, nous donnons les points de chute des 14 obus lancés sur Paris et dans la banlieue dans la journée du 27 mai 1918.

6 h. 30 : 1, rue Cabanis (Asile Sainte-Anne) (14e). — 6 h. 44 : Montrouge, rue de la Vanne. — 7 h. 5 : Fontenay-aux-Roses, 3, rue Lombard : *1 tué.* — 7 h. 22 : Boulevard Jourdan (dépôt de remonte) (14e). — 7 h. 35 : Arcueil, 5, route d'Orléans : *1 blessé.* — 7 heures 50 : 17, rue d'Alésia, sur la chaussée (14e) *1 tué, 2 blessés.* — 8 h. 7 : Rue

Saint-Jacques (face lycée Louis-le-Grand). (5e). — 8 h. 24 : 5, rue Linné, sur le trottoir (5e) : *2 tués, 11 blessés*. — 9 h. 45 : Montrouge, 25, rue Corneille. — 10 h. 4 : Montrouge, 21, rue Perier (jardin). — 10 h. 15 : 67, rue Montparnasse (14e) : *5 blessés*. — — 10 h. 31 : 19, rue Jacob (6e). — 10 h. 55 : Fontenay-aux-Roses, rue Boucicaut : *1 blessé*. — 11 h. 28 : Châtillon, 31, avenue de Paris.

Aussitôt que furent tombés les premiers projectiles, le président de la République se rendit dans les quartiers atteints afin de rendre visite aux victimes et à leurs familles.

Parmi les endroits touchés, citons la bordure d'un jardin au boulevard Jourdan, tout près de la station des tramways de Montrouge gare de l'Est ; un obus tomba sur trois voitures arrêtées qui allaient bientôt être mises en marche.

L'explosion, extrêmement violente, déchiqueta complètement une voiture tandis que les deux autres étaient sérieusement endommagées. Il n'y eut aucune victime.

Un autre engin éclata rue Linné effleurant la chaussée ; des débris de pavé de bois rejaillirent sur le quartier. A quelque huit cents mètres de là, un asile de la Croix-Rouge, où l'on instruisait des petits réfugiés, reçut tant et tant de débris, que la maîtresse jugea plus prudent de faire déménager sa petite colonie qui trouva asile dans une grande école où un amphithéâtre fut mis à sa disposition.

Une école de garçons, heureusement protégée par des sacs de terre, se trouvait en face d'un point de chute. L'heure où l'obus arriva ne coïncidait heureusement ni avec l'entrée ni avec la sortie des élèves, sans quoi l'on eût eu des victimes à déplorer. La classe continua... dans la cave.

Par gothas.

Jugeant à leur étiage le reste de l'humanité, les Allemands s'imaginaient qu'il leur suffisait d'employer sur les habitants de l'arrière certains moyens extrêmes pour atteindre leur moral et y semer la panique.

C'est ainsi que le 23 mars, après avoir jeté, pour la première fois, pendant une partie de la journée, quelques obus sur la région parisienne, avec leurs canons à longue portée, ils crurent devoir, le soir même, pensant sans doute réduire à merci une population que leur pusillanime âme teutonne voyait déjà en proie à la terreur, lancer vers Paris une attaque d'avions.

Les Allemands voulurent, le 27 mai, renouveler cette tactique. Pas plus que la première fois, elle ne leur réussit.

Ayant bombardé de nouveau dans la matinée la région parisienne avec leur canon à longue portée, silencieux depuis plus de trois semaines, ils conçurent, le soir, une attaque aérienne de la capitale.

Aussi, quand s'éleva vers 22 h. 40, le cri des sirènes fixes, bientôt suivi du hurlement terrifiant de celles que les pompiers promenaient par les rues, il n'y eut aucune surprise. « Les voilà ! » dit-on simplement, car on avait bien pensé que les gothas ne pouvaient faire autrement que de se livrer à une promenade sur Paris, après les coups de canon de la journée.

Chacun s'en alla donc dans les abris, non sans avoir eu le temps de percevoir quelques lointaines détonations.

Accueillis, au bout de plusieurs kilomètres, par la canonnade de nos artilleurs, les avions allemands se hâtèrent de faire demi-tour, après avoir laissé tomber leurs projectiles à *Saint-Ouen.* — 1. quai de Seine (en Seine).

Bondy. — Dans un champ, lieu dit Grand-Etang.

Asnières. — 161, quai Aulagnier (en Seine). — 143, avenue d'Argenteuil.

Presque aussitôt une nouvelle escadrille voulut à son tour tenter l'aventure. Elle se heurta aux mêmes barrages de mitraille que la précédente et, prudemment, rentra dans ses lignes, de sorte que le carillon des cloches se mit en branle à 23 h. 45.

Après une nuit troublée par les appels de la sirène annonçant l'arrivée des gothas, les habitants de la région parisienne furent réveillés, le mardi 28 mai, à 5h. 40 par la grosse voix de la Bertha. Quoiqu'ils fussent habitués à ses grondemements, ils trouvaient qu'elle tonnait un peu tôt.

Cependant, cette voix bien connue ne surprenait plus alors personne. Les gens vaquaient paisiblement toute la journée à leurs occupations ordinaires et la circulation dans les rues de Paris ne s'en trouvait nullement troublée.

Donnons pour mémoire les points de chute des dix obus lancés ce jour-là : 5 h. 40 : chemin de la Fontaine. — 5 h. 54 : Place Saint-François-Xavier (devant l'église (7e). — 6 h. 7. : 16, rue Cantagrel (13e). — 9 h. 18 : Bagneux, 74, avenue de la gare. — 12 h. 9 : Tuileries (terrain Orangerie) (1er). — 13 h. 29 : 170, quai de Jemmapes (10e). — 13 h. 55 :

Pantin, dans le cimetière parisien. — 17 h. 15 : Romainville, sur les portes du fort. — 17 h. 33 : 6, rue Bisson (20ᵉ) : *1 tué, 2 blessés*. — 17 h. 53 : Avenue Jean-Jaurès (marché aux bestiaux) (19ᵉ).

Un publiciste écrivait en ce mois de mai 1918 :

« Il y a en ce moment, à Paris, des milliers de gens qui ne paraissent pas être très renseignés sur les événements. Evidemment, l'obus de la grosse Bertha vient, de temps en temps, leur rappeler que la situation n'est pas normale, qu'il y a quelque chose qui se passe quelque part, enfin qu'il y a la guerre...

« Mais l'obus ne jette-t-il pas sa poudre aux moineaux ?

« Paris est actuellement délicieux, malgré Bertha, malgré les gothas, malgré les communiqués... Aux terrasses des boulevards les consommateurs se pressent, combinant le programme de la soirée : théâtre, music-hall, cinéma ? Et les arbres portent le panache vert tendre du printemps, et il y a des fleurs à tous les corsages, et la vie est belle sous le soleil éclatant...

« Mettons que ce tableau de notre Paris si charmant, si insouciant, si amoureux de la vie légère et facile est un peu exagéré. Il n'en est pas moins vrai que la capitale est brave aussi, et son rire est plus clair que l'explosion de l'obus de Bertha ».

XXXVII

Les canons le jour. — Les gothas le soir.

Dès 6 h. 25 du matin, le 29 mai, les canons à longue portée commencèrent leur tir, et durant toute la journée ils lancèrent onze obus sur Paris.

Malheureusement il y eut des victimes car une personne fut blessée au 40 de la rue Barbet-de-Jouy, dans le 7e, et une autre dans le 15e, au 313 de la rue de Vaugirard. Dans l'après-midi, à 18 h. 54, 10 rue du Plâtre, dans le 4e, un obus tuait une personne et le dernier coup de la soirée, à 20 h. 24, au 83 de l'avenue de Paris, à Châtillon, en blessait cinq.

Nous donnons d'ailleurs ci-après les divers points de chute des obus lancés : 6 h. 25 : 97, rue du Bac (7e). — 6 h. 39 : 40, rue Barbet-de-Jouy (7e) : *1 blessé.* — 13 h. 37 : 313, rue de Vaugirard

(15°) : *1 blessé.* — 13 h. 50 : 29, rue du Berry (8°). — 18 h. 20 ; Pantin, rue du Port. — 18 h. 34 : 10, rue du Plâtre (4°) : *1 tué.* 19 h, 40 : Montrouge, 57, avenue République. — 19 h. 54 : Châtillon, route stratégique. — 20 h. 7 : Montrouge, 15, rue d'Arcueil, — 20 h. 18 : Montrouge, (conduite des eaux). — 20 h. 24 : Châtillon, 83, avenue de Paris : *5 blessés.*

Non contents d'avoir commis ces attentats, nos ennemis, comme pour redoubler et multiplier leurs coups — leurs mauvais coups — manifestent dans la soirée une grande activité aérienne.

Il faisait d'ailleurs un temps magnifique, une soirée superbe, « un temps de gothas », comme disaient les Parisiens, sans nuage, et jusqu'à minuit sans lune.

A 23 h. 24, les sirènes donnèrent l'alarme, quelques avions ayant été signalés se dirigeant sur Paris. On entendit bientôt des tirs de barrage assez violents, mais lointains, et l'on aperçut dans le ciel les étoiles de nos obus. Venus en deux vagues successives, ils ne purent franchir nos tirs de barrage.

Pour se venger, les appareils ennemis lâchèrent quelques bombes dans la grande banlieue. La berloque fut sonnée à minuit 24.

Un des avions ennemis, qui tentaient de survoler la capitale, atteint par les obus de la défense aérienne, prit feu et s'abattit à cinq cents mètres du Plessis-Belleville. C'était un Friedrichshafen, bi-moteur dernier modèle. On ne retrouva que les traces calcinées des trois hommes qui le montaient, aucun papier, aucun lambeau d'uniforme même ne fut épargné par le feu.

La population parisienne accueillit avec le même sang-froid que les jours précédents cette double manifestation de la barbarie boche. Durant toute la journée chacun se livra à ses occupations ordinaires comme si la grosse bertha ne s'était pas fait entendre et la nuit, après avoir passé une heure dans les abris, chacun regagna son lit.

XXXVIII

Leurs canons et leurs gothas
le jour de la Fête-Dieu.

Le 30 mai, jour de la Fête-Dieu. les canons boches à longue portée bombardèrent Paris et sa banlieue, ainsi que les jours précédents. Ils les bombardèrent davantage, ayant commencé leur tir en
pleine nuit car à 2 h. 40 un obus tombait à Pantin,
rue Delizy. Les neuf projectiles tirés ce jour-là tuèrent à Paris douze personnes et en blessèrent cinq.
Voici les points de chute : 2 h. 40 : Pantin, rue Delizy. — 7 h 4 : 4, passage Miollis (15e) : *8 tués,
2 blessés.* — 7 h, 20 : Kremlin-Bicêtre, jardin mairie. — 8 h. 34 : Rue de la Porte-d'Ivry (13e). —
8 h. 58 : Issy-les-Moulineaux, 18, rue Bretagne.
— 20 h. ; Issy-les-Moulinaux, 8 rue des Sables.
— 20 h. 22 : Vanves, dans le cimetière. —

20 h. 37 : 65, 20 avenue Breteuil (7ᵉ) : *4 tués, 3 blessés*. — **20 h. 58 :** Eglise de la Madeleine (8ᵉ).

C'est la seule façon dont les Allemands ont su répondre au geste de généreuse condescendance de nos alliés Anglais, qui, pour ce jour de fête religieuse, avaient accepté de ne pas envoyer leurs avions sur Cologne, déférant ainsi au vœu exprimé par le Vatican, sur la demande éplorée du cardinal Hartmann, archevêque de Cologne.

Ce pontife allemand, qui a imploré la pitié pour ses fidèles, n'a jamais eu un mot ni même un geste pour arrêter la destruction systématique de la cathédrale de Reims.

Le pape avait transmis au gouvernement anglais une prière de l'archevêque de Cologne demandant de pouvoir célébrer la Fête-Dieu dans tout l'éclat des pompes de la liturgie catholique, sans avoir à redouter les bombes qui, si fâcheusement, troublèrent les fêtes de la Pentecôte.

Le gouvernement anglais déféra à cette demande « pour des motifs religieux et humains ». Le 30 mai 1918, les aviateurs britanniques respectèrent non seulement Cologne, mais toutes les villes « ne se trouvant point dans le voisinage du front de bataille ».

Lorsque le kaiser a fait bombarder Paris, le

cardinal Hartmann est-il intervenu pour que, le jour sacré du vendredi saint, l'heure au moins des cérémonies religieuses bénéficiât d'une trêve ? Ce fut justement le jour et l'heure où l'obus criminel, tombant au milieu des fidèles en prières, fit le plus de victimes.

Le 30 mai, alors que Cologne et sa cathédrale étaient épargnées, un obus boche tombait sur une église parisienne : la Madeleine.

Le cardinal Hartmann, ami personnel d'un empereur luthérien et ennemi personnel du cardinal Mercier, est évidemment de ces catholiques qui croient qu'une belle procession dans les rues est si agréable à Dieu qu'elle rachètera les spectacles que l'Allemagne a étalés à la face du ciel pendant quatre ans. L'encens chassera l'odeur des charniers. C'est une conception du christianisme qui s'accorde mieux avec les vieux âges sanglants de la Bible qu'avec l'Evangile de Celui qui a dit : *« Heureux les Pacifiques ! Le royaume des cieux leur appartiendra ! »* Mais Monseigneur Hartmann n'est pas un pacifique. C'est un évêque de guerre, doré comme un ostensoir, un pasteur de peuples dont la houlette affecte des formes de hallebarde. Sur le parvis du temple de l'Allemagne impériale où l'on offre,

dans une vapeur de sang, les holocaustes au
Moloch prussien, ce prélat magnifique et pom-
peux fait figure de Suisse chargé de marcher à
reculons devant César, quand il entre. En atten-
dant, daus sa propre cathédrale, il désirait appe-
ler, le jour de la Fête-Dieu, les bénédictions du
Très-Haut sur les armées allemandes. Les Alliés
devaient-ils s'incliner devant ce désir touchant
par déférence pour le pape qui le leur transmet-
tait ? Puisque l'Angleterre l'a cru, nous n'avons
pas voulu être en retard de gentilhommerie avec
elle, et nous dirons qu'elle a bien fait.

Toutefois, le pape, en demandant le respect de
la Fête-Dieu à Cologne, n'avait pas songé à mentionner que, bien entendu, ce respect serait mu-
tuel, et que les bombes ne tomberaient pas plus
sur les églises de Paris que sur les églises du
Rhin. La chose allait de soi. Il ne pouvait entrer
dans l'esprit de sa Sainteté que l'Allemagne priait
qu'on ne tirât point sur elle pendant qu'elle faisait feu sur nous.

Tel fut, cependant, l'ahurissant paradoxe : tandis que Cologne s'épanouissait en prières dans
cette paix jurée de vingt-quatre heures, les obus
des canons à longue portée tuaient douze personnes, en blessaient cinq, atteignaient une de nos

églises, et, la nuit venue, les gothas nous apportaient sous forme de bombes les remerciements de Monseigneur l'archevêque de Cologne.

Pour la trente-cinquième fois depuis la déclaration de guerre, les aéronefs ennemis ont franchi leurs lignes dans la soirée du 30 mai et se sont dirigés vers Paris avec l'intention de venir bombarder la capitale.

Les trois coups de canon réglementaires, puis les sirènes fixes en avertirent Paris et sa banlieue à vingt-deux heures cinquante-neuf. Quelques minutes après les voitures de pompiers donnèrent à leur tour l'alarme.

Presque en même temps les avions de la défense ayant pris l'air, les tirs de barrage de nos postes de D. C. A. faisaient gronder au-dessus de la région parisienne le tonnerre des éclatements de leurs shrapnells.

La lutte dura près d'une heure.

Renonçant à traverser le redoutable rideau de mitraille, les avions ennemis — venus en deux vagues successives — laissèrent tomber leurs projectiles sur divers points de la grande banlieue, puis regagnèrent leurs aérodromes.

On a cru entendre, vers onze heure trente, le

bruit d'un bi-moteur allemand passant sur Paris. On avait perçu quelques détonations de bombes. Aucune ne fit de victimes.

L'alerte fut assez brève ; elle dura une heure exactement. A minuit les cloches et les clairons, en sonnant la berloque, annonçaient la fin de l'alerte.

XXXIX

Quelques obus. — Deux alertes.

Il y avait quelques heures à peine que les avions allemands avaient quitté la région parisienne lorsque le bombardement quotidien du gros canon recommença.

Est-il nécessaire de répéter que ces incidents journaliers n'apportaient plus aucun trouble dans Paris? Les Allemands perdaient leur temps en voulant effrayer la population; les nerfs des Parisiens étaient à l'épreuve des obus et chacun était depuis longtemps habitué au bruit sec des éclatements, de sorte que nul ne songeait plus alors à rester chez soi, à retarder une sortie ou même à modifier l'itinéraire d'une promenade par crainte du canon.

Le bombardement du 31 mai, qui se borna à

l'envoi de quatre projectiles, dont trois tombèrent à Aubervilliers et un boulevard Macdonald, sur la voie du chemin de fer, dans le 19e, ne fit aucune victime.

C'était le 31e bombardement qui se produisait depuis le 23 mars.

Deux alertes, presque coup sur coup réveillèrent, dans la nuit de 31 mai au 1er juin les habitants de la région parisienne.

Une première fois, à 22 heures 53, des gothas ayant été signalés au-dessus de nos lignes par les postes de D. C. A et ayant pris la direction de Paris, l'alerte fut donnée par les moyens habituels. Le raid ennemi évolua, pendant près de trois quarts d'heure au-dessus de la grande banlieue où il laissa tomber quelques projectiles sur certains points éloignés, sans que les avions allemands, énergiquement combattus par nos défenses aériennes, puissent réussir à survoler Paris.

A 23 heures 47, les cloches carillonnaient, les pompiers passaient sonnant la berloque, tandis qu'en même temps les sirènes fixes se remettaient en action.

Le gouvernement militaire avait signalé la fin

de l'alerte et trois minutes après, exactement, il faisait annoncer un danger nouveau. Les pompiers lâchèrent le clairon et reprirent la sirène. Cette manœuvre d'ailleurs s'opéra dans un ordre parfait. Les habitants, qui avaient déjà pris le chemin de leur domicile, retournèrent dans les caves, non toutefois sans maugréer contre le retour malencontreux des gothas.

Les avions ennemis purent jeter quelques bombes dans la région parisienne avant d'être chassés vers leurs lignes.

A minuit 38 la berloque et les cloches retentissaient de nouveau.

Cette fois, c'était bien fini.

XL

Toujours les canons et les gothas.

Le bombardement de Paris et de la banlieue, devenu quotidien, a continué le 1er juin par canon et par gothas : le canon à longue portée tirant le jour et les avions ennemis tentant leurs raids la nuit venue.

Le canon a lancé cinq obus qui sont tombés aux points suivants. De la banlieue parisienne, sans faire de victime : 6 h. 50 : La Courneuve dans un champ. — 7 h. 30 : Aubervilliers, 4, rue du Fort. — 9 h. 45 : La Courneuve, rue Villbois-Mareuil. — 10 h. 30 : Pantin, 4, rue des Ecoles. — 19 h. 25 : La Courneuve, route de Bugny.

La visite quotidienne nocture des gothas fut, cette fois, plus tardive que d'habitude : c'est par une nuit calme et sereine, seulement à minuit 12, que les sirènes fixes ou mobiles commencèrent à jeter leur cri.

Vers minuit 40, le bombardement se déclencha, à l'ouest de Paris; lointain d'abord, il se rapprocha peu à peu et, pendant une bonne demi-heure, ce fut une canonnade des plus violentes au-dessus de la capitale. On distinguait nettement le bruit d'un moteur. Les projecteurs fouillaient sans répit le ciel, se déplaçant de l'est à l'ouest, pour tâcher de découvrir les avions ennemis.

Et la canonnade continua, bruyante, acharnée, jusque vers deux heures du matin.

Comme les fois précédentes, nos défenses anti-aériennes entravèrent énergiquement les tentatives criminelles de l'ennemi. Quelques avions, pourtant, réussirent à franchir le barrage de notre défense. Ils blessèrent vingt-huit personnes, pour la plupart des femmes et des enfants.

Cette alerte dura deux heures, pendant lesquelles tonnèrent sans arrêt nos canons. Le roulement de ce tir, à certains moments, fut formidable.

C'était un spectacle féerique. Paris semblait encerclé dans une véritable ceinture de feu. Tout autour de la capitale, des lueurs fulgurantes ne cessaient de s'allumer pour s'éteindre aussitôt;

c'étaient les coups de départ des canons de la
défense tonnant sans répit et envoyant dans le
ciel leurs projectiles qui, en éclatant, faisaient
entendre deux bruits bien distincts, d'abord une
sorte de miaulement immédiatement suivi d'une
forte détonation.

De place en place, du nord, du sud, de l'ouest
et de l'est d'énormes rayons lumineux, semblant
sortir de terre, s'élançaient dans le ciel clair où
ils traçaient de grandes raies blanches se déplaçant
lentement et s'entre-croisant comme si elles voulaient se briser les unes contre les autres ; c'étaient
les feux des projecteurs.

A un moment donné, toutes se réunirent.
Immédiatement le feu des batteries, comme semblant guidé par ces gigantesques lueurs, se con-
centra au point de croisement ; plus de dix lueurs
s'allumaient et s'éteignaient en même temps. Le
vacarme alors devenait assourdissant, puis il ces-
sait brusquement et pendant quelques instants
le silence complet de la nuit régnait ; on aurait
pu croire que l'alerte était terminée, car les
projecteurs eux-mêmes ne fonctionnaient plus.

Il n'en était rien cependant car, peu après,
les tirs recommencèrent de plus belle et dans
le fracas de la canonnade on crut entendre le

bruit régulier d'un moteur d'avion passant au-dessus de Paris. Le ronflement, peu à peu, s'éloigna vers le nord et avec lui se turent les canons de la défense. Cette fois, c'était fini.

Au cours de cette alerte on remarqua l'affluence des badauds dans les rues. Les Parisiens avaient une tendance à pendre les tirs de barrage pour des feux d'artifice. Certes le spectacle était impressionnant à contempler, mais il pouvait être dangereux, et les curieux s'exposaient à être victimes de leur imprudence, témoin le cas suivant.

M. Guilleux, demeurant 4 rue du Roi-d'Alger, quitta dans la nuit du 2 au 3 juin, en pleine alerte, l'hôtel qu'il habitait, en déclarant à ses voisins, qui descendaient à la cave :

— Je vais voir le spectacle du haut des fortifs. Maintenant, çà peut tomber sur la maison, j'emporte mon héritage sur moi !

Ce quinquagénaire fanfaron, qui se flattait d'avoir des idées originales et faisait fi des prescriptions que pouvait commander la prudence la plus élémentaire, fut victime de sa trop grande curiosité. Juché sur un tertre des fortifications, il contemplait le ciel constellé des éclatements de notre D. C. A. lorsque, pris d'un étourdissement, il dégringola de la butte et tomba dans le fossé. Au matin du 3 juin, un agent découvrit le cadavre de M. Guilleux. On retrouva sur lui les treize mille six cent cinquante-cinq francs qu'il avait emportés.

Un qui l'a échappé belle...

Dans le treizième arrondissement, une des maisons atteintes par les bombes, une dame, qui s'était réfugiée dans la cave de l'immeuble, tandis que son mari restait couché comme l'alerte sonnait, finit par s'en inquiéter, l'étage où ils demeuraient ayant été endommagé. En hâte les sauveteurs gagnèrent les étages supérieurs et se mirent à la recherche de celui dont ils ne pensaient retrouver que le cadavre ; mais ayant entendu du bruit dans une pièce dont il ne restait plus que la moitié, ils appelèrent. Une voix leur répondit :

— Oui, c'est moi... J'arrive de suite.

— Ne bougez pas, répliquèrent les pompiers ; nous allons chercher une échelle pour vous descendre.

— Ne vous pressez pas trop, répondit le locataire, car je suis très ennuyé, je ne trouve plus mon pantalon.

Quelques instants après, cependant, ayant pu

mettre la main sur 'son indispensable, le mari bombardé, sortant des décombres, se trouvait dans les bras de sa femme qui le croyait mort alors qu'il n'avait même pas une égratignure.

Dans la matinée, le président de la République a visité les points atteints que nous donnons ci-dessous, puis il est allé porter quelques paroles d'encouragement aux blessés :

En banlieue des bombes tembèrent à *La Varenne-Saint-Hilaire* : Avenue du Mesnil (dans un jardin). — *Ivry* : 33, rue Franklin (dans la cour de l'usine Desmaret). — *Saint-Mandé* : Terrain vague (torpille non éclatée). — 152, rue de Tolbiac (13e). — 49, 51, 53, 55, boulevard A.-Banqui (13e). — Station métro Corvisart (13e). — 96, avenue d'Italie (dans un jardin) (13e). — 12, rue de la Fontaine-à-Mulard (dans un jardin) (13e). — 11, passage du Moulinet (dans un jardin) (13e). — Place Daumesnil (12e). —

XLI

Les canons et les gothas.

Dans la journée du 3 juin, les canons allemands, tirant à longue distance, bombardèrent de nouveau de 8 heures 10 du matin à 18 heures 10 le nord de la région parisienne, car aucun obus n'est tombé ce jour-là sur Paris ; cependant la bertha tua deux personnes et en blessa sept aux différents endroits suivants :

8 h. 10: Aubervilliers, 38, rue Guyard-Delalin : *1 tué, 2 blessés.* — 8 h. 37 : Pantin, dans le cimetière parisien. — 9 h. 20 : Pantin, 38 place Eglise : *1 tué, 2 blessés.* — 12 h. 5 : Aubervilliers, angle des routes de Flandre et de la Courneuve : *1 blessé.* — 13 h. 30 : La Courneuve, rue Emile Zola : *1 blessé.* — 18 h. 20 : Aubervilliers, 89, rue Heurteaux : *2 blessés.* —

Après une journée entière de canonnade, les gothas, à leur tour, la nuit venue, tentaient un raid sur Paris.

L'alerte, donnée à 22 heures 54, dura peu, car à 23 heures 25 les appareils ennemis rentraient dans leurs lignes sans avoir fait de victimes, bien qu'on eût entendu quelques lointaines détonations.

Les Parisiens les plus grincheux reconnaissaient de toute évidence que la protection de Paris était très efficace.

A présent l'alerte était toujours donnée largement à temps et la lutte contre les vilains oiseaux de nuit menée avec vigueur.

Mais ce que les habitants de Paris ignoraient c'est que, parmi leurs plus vigilants défenseurs, se trouvaient des poilus de la D. C. A.

La D. C. A. (Défense contre les avions) s'étendait tout autour de Paris et s'échelonnait dans la direction du front en postes nombreux. Elle était assurée par des auxiliaires qui, en très grande majorité (plus des neuf dixièmes), se trouvaient être d'anciens blessés reconnus inaptes après maintes visites et contre-visites.

Savait-on quelle était l'existence de ces braves gens ?

Debout toute la nuit pour guetter aux microphones le bruit révélateur des gothas, ces invalides se reposaient le jour en transportant des tubes d'hydrogène de quatre-vingts kilos.

Jamais de permission de vingt-quatre heures, même quand elles étaient autorisées. Et, naturellement, la solde de l'intérieur, sans nulle indemnité d'aucun genre. Pas même de « pinard », — ce qui était dur pour des vétérans, qui ne comprenaient pas très bien pourquoi on leur infligeait un régime aussi sévère. Car ceux-là n'étaient point des embusqués, puisque dans un poste de quarante hommes on pouvait compter trois médailles militaires, seize Croix de guerre et trente-neuf insignes de blessés.

Le lendemain, 4 juin, le canon monstre allemand reprit son bombardement et lança quatre obus qui, cette fois, tombèrent uniquement sur Paris aux points suivants :

11 h. 20 : 247, rue de Crimée (19ᵉ). — 12 h. 2 : 79, rue la Chapelle (18ᵉ) : *3 tués, 6 blessés.* — 13 h. 30 : 4 rue Demarquay (10ᵉ) : *1 tué, 1 blessé.* — 16 h. 12 : rue Aumaire (3ᵉ) : *9 blessés.* —

XLII

Après deux nuits sans sirènes.

Après deux nuits tranquilles, une nouvelle alerte, le 6 juin, troubla Paris et la région immédiate.

A 23 heures, les sirènes fixes et mobiles prévinrent la population de l'approche de l'escadrille signalée.

Quatre vagues d'aéronefs allemands tentèrent sucessivement de franchir les tirs de barrage, particulièrement violents, de nos canons anti-aériens. Il était un peu de plus de minuit lorsque la dernière se présenta. Elle dut, comme les autres, rebrousser chemin devant la puissante défensive de notre artillerie et de notre aviation. Et à minuit vingt tout danger était écarté.

L'ennemi avait néanmoins laissé tomber sept bombes aux points ci-après, tuant une personne, en blessant deux et causant d'importants dégâts matériels : 22, rue Prajol (atelier gare de l'Est) (18°). — 133, quai de la Gare (13°). — 127, quai de la Gare (13°). — Quai de la Gare (berge) (4 bombes) (13°).

Durant le mois de juin, les gothas, qui avaient tant troublé les nuits des Parisiens en mai, semblèrent leur laisser quelque répit. Cependant, ils se livrèrent à une nouvelle incursion dans la nuit du 15 au 16 au cours de laquelle ils jetèrent six bombes qui firent huit victimes ; trois tués et cinq blessés, aux endroits ci-dessous : 137, boulevard Voltaire (11°). — 99, rue des Boulets (11°). — 12, passage Chaussin (12°). — 15, boulevard Picpus (sur la chaussée) (12°). — Rue Santerre (hôpital Rothschild dans le jardin (12°). — rue Picpus (sur un lavoir) (12°).

Mais cette inaction relative des avions boches fut remplacée par une certaine activité des berthas, dont nous nous bornerons à signaler les méfaits par l'énumération suivante :

7 juin. — 4 obus.

11 h. 30 : Plessis-Robinson, dans un champ. — 11 h. 55 : 1, rue de Courty (7°). — 12 h. 9 : 102, rue de l'Université (7°) : *2 blessés.* — 13 h. : 13-15, boulevard Voltaire (11°) : *1 tué, 2 blessés.*

8 juin. — 3 obus.

10 h. 8 : Passage Elysée-des-Beaux-Arts (18ᵉ). — 12 h. 20 : Plaine-Saint-Denis, chemin des Fillettes : *2 tués, 1 blessé.* — 19 h. 20 Aubervilliers, remblais chemin de fer. —

9 juin. — 4 obus.

9 h. La Courneuve, rue Gambetta. — 11h. 20 : Aubervilliers, 24, rue de Paris. — 12 h. 30 : Plaine-Saint-Denis, pont des Fruitiers. — 13 h. 3 : 2 rue de Belleville (20ᵉ) : *1 tué, 2 blessés.*

16 juin. — 4 obus.

7 h. 55 : Boulevard Ney, caserne de Clignancourt (18ᵉ). — 10 h. 25 : Saint-Denis, avenue Paris : *1 tué, 1 blessé.* — 10 h. 45 : 5, rue Baudelique (18ᵉ) *1 tué, 9 blessés.* — 16 h. : Aubervilliers, 13 rue Charron : *1 tué, 3 blessés.* —

11 juin. — 1 obus.

1h. 40 : Pantin, 28, rue Denis-Papin.

XLIII

Après onze nuits tranquilles.

Après onze nuits de complète tranquillité qui permirent aux Parisiens de dormir sans être obligés de descendre dans leurs caves, les gothas revinrent dans la soirée du 26 juin.

Il était 23 h. 16 exactement quand les sirènes fixes donnèrent l'alarme.

Après avoir été limpide et calme jusque vers vingt-deux heures, l'atmosphère devint nuageuse au moment où nos postes d'écoute signalèrent des bruits de moteurs suspects. En outre, le vent s'était élevé. Le temps ne semblait pas favorable à une entreprise aérienne ennemie.

Dès que l'on se fut rendu compte que des avions avaient franchi nos lignes et se dirigeaient vers l'agglomération parisienne, le système habituel de défense fut mis en œuvre. Les tirs de barrage de la D. C. A. se déclenchèrent, très nourris, tandis que des projecteurs fouillaient le ciel.

Les avions allemands arrivèrent en deux vagues successives : l'une ayant descendu la vallée de l'Oise via Beaumont, la seconde venant par la vallée de la Marne et Meaux.

Les gothas hésitèrent devant le mur d'éclatements qu'il leur fallait franchir, essayant de pratiquer une tactique d'infiltration.

Un appareil, peut-être deux — au maximum — réussirent à passer, laissant tomber quelques bombes qui, fort heureusement, ne causèrent que des dégâts peu importants.

A minuit trente-cinq, la fin de l'alerte était donnée concurremment par les cloches des églises et la berloque des pompiers.

Voici quels furent les points de chutes de bombes :

83, rue du Bac. — 14, rue Saint-Guillaume. — 199, boulevard Saint-Germain. — Rue Solférino (face Légion d'honneur). — 13, boulevard Raspail.

XLIV

Les gothas récidivent.

N'ayant point réussi dans leur raid de la veille, les Allemands envoyèrent à nouveau dans la soirée du jeudi 27 juin, vers la capitale, leurs escadrilles de bombardement.

La limpidité de l'atmosphère, l'absence presque totale dé vent, un superbe clair de lune constituaient autant de circonstances favorables pour un raid aérien.

C'est à 22 heures 35 que les sirènes fixes et celles des pompiers donnèrent le signal de l'alerte.

Presque aussitôt, vers le nord de Paris, commençait un violent tir de barrage qui bientôt s'étendit à toute la périphérie de la région parisienne. Dans le ciel constellé d'innombrables éclatements, dont le fracas assourdissant parvenait jusqu'aux oreilles des Parisiens sagement descendus dans leurs caves, les faisceaux des projecteurs recherchaient les avions ennemis.

Quelques minutes s'écoulèrent ainsi. Bientôt des détonations violentes, déchirantes, retentissaient. Des bombes tombaient au ministère de la Justice. — rue Castiglione (angle place Vendôme. — 20, rue de La Michodière. — Quai du Marché-Neuf (dans la Seine). — 13, quai de Montebello (dans la Seine). — 11, 17 21, rue de l'Ancienne-Comédie. — 53, rue Dauphine.

Les premières torpilles se succédèrent presque coup sur coup. Puis une accalmie se produisit. Elle ne fut que relative, car nos pièces continuaient à tirer et l'on ne tarda pas à entendre, dans le ciel clair et semé d'étoiles, le ronronnement musical d'un moteur ennemi. De nouveau, le tir s'intentifia et la gerbe des éclatements sembla tantôt suivre le son à la piste, tantôt précéder l'avion invisible pour lui barrer la route, tandis que les projecteurs dardaient leurs faisceaux conjugués. Mais rien n'apparaissait, quand de nouveau l'air est déchiré par de formidables explosions. Ce sont d'autres bombes qui éclatent au Champ de Mars (angle de la rue Sylvestre-de-Sacy et de l'avenue Adrienne-Lecouvreur). — 9, rue Vintimille. — 1, rue de

Moncey. — 81, 88 rue Broca. — 5, impasse de la Défense 15.

Enfin le tir de barrage diminue peu à peu d'intensité. Çà et là. vers le nord et le nord-est le point rouge d'un éclatement pique la voûte céleste... puis plus rien, tout est calme.

Le raid est terminé : les cloches et les sirènes annoncent la fin de l'alerte. Il est minuit cinq.

Les aviateurs allemands ont employé une fois encore la tactique qui leur est chère : leurs appareils, répartis en plusieurs vagues, ont emprunté des itinéraires différents pour arriver sur Paris. Ils ont même lancé quatre bombes sur la banlieue, sans toutefois faire de victimes. Les points de chute furent :

A *Saint-Ouen* : 4, quai de Seine (dans la Seine).

A *Bondy :* Dans un champ, au lieu dit le Grand-Etang.

A *Asniéres :* 161, quai Aulagnier (dans la Seine). — 143, avenue d'Argenteuil.

Mais à Paris il y eut sept tués et dix blessés ainsi que des dégâts matériels assez considérables.

Le lendemain, un deuxième communiqué officiel a en effet annoncé que le nombre des victimes était plus élevé que ne l'avait laissé prévoir le premier communiqué.

28 juin, 12 heures.

On connaît exactement le nombre des victimes du bombardement par avions de la nuit précédente : 11 tués, 14 blessés.

La plupart des personnes atteintes le furent dans les rues. Le gouvernement rappelle instamment à cette occasion qu'il est indispensable de se mettre à l'abri.

La population ne doit négliger aucune des mesures de précaution prévues et dont seule la stricte observation peut permettre d'atténuer les dangers des bombardements.

L'appel à la prudence formulé par ce communiqué officiel n'était pas superflu puisque c'était par suite de leur négligence que la plupart des victimes du raid s'étaient exposées aux coups.

En effet, malgré l'appel des sirènes, les badauds continuaient encore, bien après l'alerte sonnée, à séjourner par simple curiosité, sur les voies publiques.

Les agents, en plusieurs endroits, bousculèrent vivement les promeneurs qui parfois continuaient même de fumer sans souci des points lumineux visibles de très loin que formaient leurs cigarettes.

Sur le lieu d'un point de chute d'imprudents promeneurs furent blessés au moment où ils s'apprêtaient à se mettre à l'abri dans un bar. Il était trop tard. Non seulement ils furent atteints, mais ils causèrent la mort d'une jeune femme de vingt-six ans, tenancière du bar, qui venait ouvrir le rideau de fer de son établissement pour répondre à leurs appels.

Ailleurs, c'est le locataire d'un sixième étage qui fut tué dans son logement où il s'entêta à rester.

En plus des bombes il y avait à craindre des obus de la défense contre avions qui forcément étaient très nombreux.

Un projectile, dans une rue passante, ne brisa que des vitres, et ce ne fut que par miracle qu'une soixantaine de promeneurs ne furent pas atteints.

Le tempérament français avait pris, chez beaucoup, le dessus et l'accoutumance au danger avait amené un déporable relâchement des précautions nécessaires.

Il était en effet devenu à peu près de règle de ne descendre dans les abris qu'au moment où les tirs de barrage prenaient quelque intensité. Jusque-là de nombreuses personnes restaient dans la rue à contempler le spectacle, évidemment attrayant, des projecteurs, des éclatements et des traînées lumineuses d'obus.

C'était une imprudence inexcusable et qui pouvait se payer fort cher.

Les victimes du raid du 27 juin l'ont appris à leurs dépens.

Cinq 'd'entre elles ont été frappées sous une porte cochère, où elles se croyaient en sûreté afin de jouir du spectacle. Trois autres étaient tranquillement assises sur un banc.

Il n'y avait aucun courage à se faire tuer sans la moindre nécessité et à donner aux Allemands la satisfaction qu'ils cherchaient.

Un avion boche qui avait pris part dans cette nuit du jeudi 27 juin au bombardement de Paris a atterri en forêt de Laigue, au nord de Compiègne. Un aviateur fut tué et deux autres faits prisonniers.

XLV

A chaque soirée son alerte.

Trois jours, trois alertes. La soirée du 28 juin peut même, à cet égard, compter pour double, puisque, avant que l'alerte fût donnée, aux approches de minuit, plusieurs sirènes s'étaient mises à mugir intempestivement, faisant, dès onze heures, descendre à la cave les Parisiens que nul péril réel ne menaçait encore.

Le temps continuant d'être favorable aux expéditions aériennes, les aviateurs allemands ne manquèrent pas d'en profiter.

Un certain nombre d'avions ayant franchi les lignes et semblant se diriger vers Paris, l'alarme fut donnée dans les formes habituelles à 22 heures 40.

Les choses suivirent leur cours habituel : le feu

violent de notre D. C. A., puis des batteries de plus en plus rapprochées s'allumèrent, et, bientôt, les canons de la défense immédiate de la capitale interdirent aux appareils ennemis l'accès du ciel parisien.

Cependant une dizaine de bombes furent lancées sur les localités de la banlieue ci-après :

A *Montrouge :* 84, Grande-Rue.

A *Boulogne :* 1, rue des Peupliers. — 93 et 113, boulevard de Strasbourg. — 25, rue de La Saussière. — 81, avenue des Moulineaux. — 8, rue de la Mairie. — 131, Grande-Rue.

A *Malakoff :* Passage du Petit-Vanves.

A *Issy-les-Moulineaux :* 13, rue Kléber. — Rue Rouget-de-l'Isle (dans un terrain vague).

A minuit trente, sous le ciel resplendissant d'un calme clair de lune, la berloque retentissait. Le quarante-sixième raid était fini, ne causant que peu de mal : quelques petits immeubles endommagés et deux victimes, MM. Jean Pujaval, âgé de 32 ans, et Pierre Ternois, 39 ans, qui furent blessés assez sérieusement, parce qu'ils se trouvaient dans la rue lorsque tomba l'engin.

Pour la seconde fois cette année, les Parisiens ont connu, dans la soirée du jeudi 28 juin, les émotions d'une double alerte. Les sirènes ont fonctionné deux fois, à 22 heures 40 et à 23 heures 39. Mais la première de ces alertes ne fut donnée que dans la banlieue nord et dans le quartier de l'Opéra ; si bien que nombre de Parisiens se demandaient s'il fallait ou non descendre se mettre à l'abri. Ce n'était qu'une fausse alerte — ou à peu près !

Des gothas avaient bien été signalés, mais fort loin de Paris. Seule l'alerte n° 1 avait été donnée. Le bruit de quelques coups de canon de D. C. A. parvenait cependant jusqu'en banlieue, si bien qu'à Saint-Denis l'appariteur de la mairie crut devoir faire partir les marrons détonants qui, dans cette ville, avaient été adoptés comme signal d'alarme. Les usines environnantes croyant chacune pour son compte n'avoir pas été averties de l'alerte n° 2, mirent en action leurs sirènes. De son côté, le poste de la sirène fixe de l'Opéra, dont l'appareil de réception du signal ne fonctionnait pas, crut aussi à l'alerte n° 2 et fit hurler son instrument. Mais bien des gens restèrent chez eux et les abris ne reçurent guère que la moitié de leur public ordinaire. Après trois quarts d'heure d'attente les emmurés se demandaient même s'il fallait remonter ou s'il convenait d'attendre la berloque, lorsque la deuxième alerte retentit, donnée cette fois par toutes les sirènes : les gothas étaient en marche vers Paris.

Dans la nuit du 1er au 2 juillet, des avions ennemis ayant franchi nos lignes, se dirigèrent vers l'agglomération parisienne. L'alerte, donnée à minuit 34, cessa à minuit 59.

Ce fut une alerte sans bombe qui dura 25 minutes. La persistance du beau temps faisait prévoir aux Parisiens que leur nuit ne serait pas tranquille.

En effet, vers minuit et demi les hurlements des sirènes déchiraient l'air. Sans hâte — car le canon ne se faisait pas entendre — la population gagna les refuges ; elle s'y trouvait depuis quelques instants lorsque la berloque vint annoncer que la menace des avions avait disparu. Et chacun remonta se coucher, non sans quelque appréhension d'être, comme la veille, dérangé une seconde fois.

XLVI

Paris et la « Bertha ».

Il y avait dans chaque offensive allemande un côté puéril : c'étaient les moyens accessoires qu'employait l'ennemi pour terrifier Paris et toujours au moment même où l'infanterie attaquait.

Le fait s'est renouvelé le 15 juillet 1918.

· S'il fallait une preuve de la sottise et du manque de psychologie dont a fait preuve l'état-major ennemi au cours de la dernière guerre, celle-là suffirait. Voilà une population qui, la veille, avait vu défiler devant elle comme un vivant symbole des troupes de toutes les nations. Elle savait qu'elles représentaient la puissante coalition, unie par un serment inviolable : celui de vaincre l'Allemagne.

Cette population avait entendu toute la nuit la

formidable préparation d'artillerie par laquelle l'agresseur avait préludé à ses opérations militaires. Elle avait su de bonne heure, puis avec de plus en plus de certitude que l'offensive ennemie, prévue avec précision, était en voie de se transformer en une grande déception.

Joyeuse et fière de ces nouvelles, elle avait considéré comme un ridicule hors-d'œuvre la dizaine d'obus qui étaient tombés sur la région parisienne. Elle y avait vu l'effet d'une rage impuissante. Tout entière à son espoir et à sa confiance elle n'avait même pas détourné la tête. On avait vu sur nos boulevards des groupes se pressant autour des camelots, des files de gens se hâtant vers les baraques où l'on souscrivait aux Bons de la Défense nationale.

Mais il importait peu que les Allemands n'arrivassent pas à troubler la population parisienne. Ce qui importait, c'était le fait qu'ils recommençaient à présent les bombardements qui, à la distance où ils étaient effectués, tuaient aveuglément femmes et enfants et ne pouvaient normalement prétendre à aucune utilité militaire.

Au Reichstag, le social-démocrate Scheidemann se plaignit un jour que des civils allemands avaient péri victimes des attaques aériennes des alliés. Il n'avait qu'à en chercher la cause non seulement dans les abominables raids des aviateurs, ses compatriotes, mais encore dans ces ineptes bombardements à longue portée qui, au hasard, frappaient des innocents.

L'opinion française avait considéré justement le bombardement par canon à longue distance, tel que le pratiquèrent les Allemands, comme un crime contraire à toutes les lois de la guerre. Il aurait fallu qu'à chaque obus de la Bertha répondissent des torpilles des alliés pour que l'Allemagne comprît l'ignominie des méthodes de guerre employées par ses chefs militaires.

Malgré le canon, la fête, à Paris, continua le lendemain du 14 juillet.

Nombre d'administrations, de maisons de commerce, d'ateliers, avaient donné congé à leur personnel. L'animation sur les grandes voies parisiennes fut aussi grande que le jour même de la fête nationale.

Les maisons étaient partout restées pavoisées. Les Boulevards offraient le mouvement des grands jours et de nombreux promeneurs y circulaient.

Le soir, on s'arrachait les journaux qui signalaient le début de la nouvelle offensive.

Les camelots installés sur tous les espaces libres ne furent jamais plus entourés et l'on chantait à tous les coins de rues. Poilus et soldats alliés furent choyés et fêtés comme la veille. On en vit, bras dessus bras dessous, de différents pays, fraternisant joyeusement sans trop bien se comprendre et chantant parfois en chœur de façon bien amusante.

C'est ainsi que l'on accueillit le tir du canon allemand qui, cependant, fit des victimes.

Le président de la République alla visiter les blessés et se rendit aux points de chute ci-dessous : 13 h. 54 : 10, rue Dupleix (15e) : 3 tués, 4 blessés. — 17 h. 12 : Quai d'Orsay, rue de la Fédération (15e) : 3 tués, 4 blessés. — 17 h. 26 : Rue de Sèvres (square Croisic) (15e). — 18 h. 7 : 19, rue Tournefort (5e). — 18 h. 40 : Fortifications (porte de Pantin et canal de l'Ourcq) (19e). — 19 h. 5 : 58, rue de Varenne (7e). — 19 h. 30 : 6, rue du Luxembourg (école Bossuet) (6e). — 19 h. 57 : Près pilier est Tour Eiffel (7e). — 20 h. 30 : Vanves, route Châtillon. — 20 h. 45 : Devant la gare Saint-Lazarre : 1 blessé.

Le lendemain, 16 juillet, nouveau tir du canon monstre dont les quatre obus envoyés tombèrent aux endroits suivants : 10 h. 30 : 50, boulevard

Vaugirard (15e) : 3 tués, 7 blessés. — 12 h. 35 :
Dans la Seine entre le pont de Grenelle et le pont
Mirabeau (15e). — 16 h. 55 : 39, rue Raffet (16e).
— 17 h. 20 : 146, rue de Vaugirard (15e).

XLVII

Tentative diurne d'un avion allemand.

Le lundi 22 juillet, vers 8 heures du matin, puis vers 11 heures et demie, les habitants de Paris, de la banlieue et de la grande banlieue eurent la surprise d'entendre les canons de la défense aérienne tonner assez violemment. Les coups se succédaient avec rapidité. Cela dura une dizaine de minutes chaque fois.

Un avion ennemi avait été signalé.

Cet appareil, dont la mission devait se limiter à des prises de clichés photographiques de l'arrière-front français, ne s'était aventuré au-dessus de la région parisienne que parce qu'il s'égara dans la brume ou bien que, poursuivi par quelques-uns de nos chasseurs, il jugea prudent de déguerpir et de faire un large crochet avant de regagner ses lignes.

Le cas n'était pas d'ailleurs sans précédent. Environ deux mois auparavant, un photographe aérien boche, chassé par un de nos as, s'élevait à 7.000 mètres au-dessus de la capitale. Un combat assez vif s'engagea et l'avion ennemi ne dut son salut qu'à un malencontreux enrayage de la mitrailleuse de notre pilote.

XLVIII

Pour la 42ᵉ fois, la bertha bombarda la région parisienne.

Après trois semaines de silence, la grosse Bertha, qui ne s'était pas fait entendre depuis le 16 juillet, éleva de nouveau la voix.

A la première explosion, les Parisiens s'écrièrent : « Est-ce le signal d'une nouvelle offensive ?

Bientôt on sut que, cette fois, le bombardement n'avait pas été l'annonce d'une ruée allemande sur notre front, mais avait simplement servi aux vaincus de la Marne à traduire leur rage impuissante, essayant de donner le change chez eux à l'opinion publique en lui servant un bombardement de Paris et en se vengeant sur des femmes et des enfants des revers que nos troupes leur avaient fait subir.

Cette fois, comme précédemment d'ailleurs, la population, habituée maintenant à ces bombardements, et sachant que leurs aveugles ravages ne pouvaient plus se prolonger bien longtemps, accueillit avec la plus complète indifférence cette manifestation par trop évidente de la fureur allemande.

Nos ennemis ce jour-là se livrèrent à un bombardement terrible, tant sur Paris que sur la banlieue. On en jugera par les endroits qu'atteignirent les 17 obus lancés et par les nombreuses victimes qu'ils firent tant en tués qu'en blessés, et dont voici la liste : 10 h. 5 : Vanves, 19, rue Danton : 2 tués, 8 blessés. — 10 h. 14 : 179, boulevard Saint-Germain : 3 blessés. — 10 h. 30 : Montrouge, voie des Charbonniers. — 10 h. 53 : Esplanade des Invalides (gare) (7e) : 1 tué, 8 blessés. — 11 h. 11 : 44, avenue Marceau (16e) : 3 tués, 5 blessés. — 12 h. 40 : 214, rue Croix-Nivert (15e) : 5 blessés. — 13 h. : Aubervilliers, rue de la Haie-Coq (usine Tancrède) : 6 tués, 1 blessé. — 13 h. 16 : 50, rue Bassano (16e). — 13 h. 35 : Clichy, gare de Clichy-Levallois. — 13 h. 50 : 46, boulevard des Invalides (7e). — 14 h. 25 : 15, rue du Jura (13e) : 1 blessé. — 17 h. 12 : 353 bis, rue de Vaugirard (15e) : 6 tués, 13 blessés. — 17 h. 52 : 1, rue Darcet (17e) : 9

blessés. — 18 h. 20 : 87, rue Berger (1er) : 12 tués, 6 blessés. — 18 h. 35 : 87, avenue de la Muette (16e). — 18 h. 55 : Cour cas. Dupleix (15e) : 1 blessé. — 19 h. 30 : 26, avenue de la Grande-Armée (17e).

Le récit des derniers bombardements du gros canon allemand, n'étant que la répétition des précédents, pourrait paraître monotone et fastidieux.

Bornons-nous à mentionner purement et simplement les points de chute des obus lancés par ces monstres d'acier au cours des 4 derniers bombardements :

6 août. — 18 obus.

8 h. 57 : rue de l'hôpital Boucicaut (15e). — 9 h. 22 : 40, Boulevard Exelmans (16e). — 9 h. 45 : 44, avenue de Breteuil et 34, avenue Duquesne (7e) : 1 blessé. — 10 h. : Quai aux Fleurs, dans la Seine (4e). — 10 h. 25 : Boulogne, rue de Bellevue. — 12 h. 40 : Meudon, 15, chemin Fleuri. — 13 h. : Bellevue, 11, avenue Mélanie. Boulogne, près Hippod. d'Auteuil. — 14 h. 10 : 42, rue du Hameau (15e) : 5 tués, 28 blessés. — 14 h. 19 : Malakoff, ligne Paris-Chartres. — 15 h. 45 : Rue Civry (16e). — 16 h. 36 : Issy-les-Moulineaux, 4, rue Ernest-Renan. — 16 h. 52 : 46, rue du Docteur-Blanche (16e). — 17 h. 30 : En aval du pont de Grenelle. 18 h. 2 : 53, rue Rochechouart (9e) : 1 tué. —

18 h. 45: Porte Maillot, fossé des fortific. — 18 h. 30: 62, rue Quincampoix (4e): 10 blessés. — 18 h. 50: 10, rue Théophile-Gauthier (16e): 1 tué, 1 blessé.

7 août. — 12 obus.

12 h. 25: Place de l'Alma (16e): 3 tués, 10 blessés. — 12 h. 45: 84, avenue de Villiers (17e). — 13 h. Cour de la caserne de Fontenoy (7e): 1 blessé. — 15 h. 55: 143, rue des Poissonniers (18e): 1 tué, 15 blessés. — 16 h.: 22, rue Pajol (18e): 1 tué, 1 blessé. — 16 h. 15: 5, rue des Capucines (1er): 13 blessés. — 16 h. 39: Hôpital Andral (bast. 27) (19e). — 16 h. 45: Saint-Ouen (fortif. entre porte Montmartre et porte Clignancourt). — 16 h. 50: Saint-Ouen, 36, rue la Chapelle. — 17 h. 5: Gennevilliers, 43, rue du Moulin-de-Cave. — 17 h. 23: Saint-Ouen, 4, rue Lieu-Tades. — 17 h. 45: 11, rue Norvins (18e).

8 août. — 5 obus.

12 h. 40: Rue Vauvenargues (18e). — 13 h. 17: Aubervilliers, 83, rue de Paris. — 14 h. 6: Saint-Ouen, 17, rue Mathieu. — 16 h. 10: Drancy, route de Saint-Denis. — 16 h. 15: Saint-Ouen, 39, avenue Michelet: 1 tué.

9 août. — 11 obus.

9 h. 16: Dugny, dans un champ. — 10 h. 5:

Pantin, rue de Flandre : 1 tué, 2 blessés. — 10 h.
15 : Saint-Denis, fort de l'Est. — 10 h. 27 : Auber-
villiers, 130, rue du Vivier. — 10 h. 30 : Saint-
Denis, chemin d'Amiens. — 10 h. 45 : La Courneuve,
derrière la Mairie. — 12 h. 55 : Aubervilliers, cour
Mag. Gén. — 13 h. 10 : Saint-Denis, 25, rue de
Drieussens : 1 tué, 1 blessé. — 13 h. 30 : 13, rue
Borrégo (20e) : 1 tué, 4 blessés. — 13 h. 48 : Bou-
levard Ney (18e). — 14 h. 4 : Aubervilliers, .rue
Saint-Denis.

XLIX

Visite à la sapinière
où se cachaient les berthas.

A deux kilomètres du village de Crépy-en-Laon-nois, dans la plaine qui s'étend au-delà de Laon, les Allemands avaient installé les gros canons avec lesquels ils escomptaient avoir raison de Paris.

C'est là, dans une sapinière, que les ingénieurs de Krupp avaient fait aboutir les longs « épis » greffés par eux sur la voie ferrée de Laon à la Fère. Epis et emplacements des fameuses « berthas » n'ont pas été détruits par l'ennemi dans sa retraite ; les fourrés qui les cachaient devinrent un lieu de pèlerinage pour les soldats et les civils.

Il ne resta des deux gros canons de Crépy que leurs berceaux, c'est-à-dire des trous profonds, creusés dans une terre sablonneuse, où l'ennemi avait aménagé ses robustes caissons d'acier ; il ne subsista plus rien de cette mécanique, pas même un boulon : les Allemands en partant avaient tout emporté.

D'un troisième canon, qui semble, celui-là, avoir été de plus petit calibre, la tourelle seule demeura. Elle était pareille à celle de Fère-en-Tardenois.

Autour d'elle et des emplacements des berthas gigantesques, les arbres étaient munis de gros crampons de fer, d'échelles et de câbles propres à supporter les camouflages par lesquels l'ennemi espérait soustraire à la vue de nos aviateurs les engins dont il attendait des merveilles.

Des abris bétonnés, extrêmement profonds, avaient été creusés pour y cacher les artilleurs et l'on va voir que ces mesures de prudence n'étaient point superflues : d'abord nos batteries de représailles de Vailly et de Crouy en contre-battant les énormes berthas, labouraient le terrain aux alentours des pièces. Les procédés ingénieux inventés par les Boches pour dissimuler leurs canons à longue portée n'avaient point trompé un seul jour nos observateurs aériens. Quarante-huit heures après le premier bombardement nos aviateurs avaient très exactement repéré les positions des grosses berthas.

D'un autre côté, les Allemands étaient contraints de se précautionner contre leurs propres pièces : les habitants de Crépy ont raconté l'histoire de l' « essai » sur Paris, le 23 mars 1918, des premiers gros canons. L'Empereur était là. Il assista au départ des deux premiers obus et se déclara satisfait. Au troisième coup, il se retira et ce fut bien regrettable, car, au cinquième, la bertha, explosant, tuait une dizaine de servants et dix-sept ingénieurs de la maison Krupp.

Le lendemain, la pièce remplacée — ils en avaient six en réserve, — reprit son tir contre Paris, mais désormais les artilleurs employèrent pour la mise à feu un système électrique : sagement, ils se méfiaient. Les habitants ont rapporté, au surplus, que cet accident du début, ne fut pas singulier ; chaque fois que les berthas s'arrêtaient de tirer, c'est qu'il était survenu pareille catastrophe, à moins que quelque obus français, bien placé ne les eût détériorées, ce que firent plusieurs fois nos avions. Guillaume II ne revint jamais plus admirer ses « Kanons ».

Chaque coup de canon coûtait trois mille sept cent cinquante francs.

Le quarante-sixième et dernier bombardement de Paris par les berthas eut lieu le 9 août.

L

· La double alerte du 16 septembre.

Le dernier raid des gothas se produisit dans la nuit du dimanche au lundi 16 septembre 1918.

Après un mois de tranquillité, Paris recevait une nouvelle visite des avions allemands.

On comprit le sens de ce raid quand on connut l'offensive de paix déclenchée par l'Autriche, car il était tout à fait dans la manière boche d'appuyer sa grossière manœuvre par un nouveau massacre de femmes et d'enfants.

Aussi l'ennemi se garda-t-il d'avouer le véritable mobile de cette attaque. Le communiqué allemand du 16 septembre, 14 heures, transmis par le poste de Nauen, l'annonçait en ces termes :

A titre de représailles pour le continuel bombardement des villes allemandes, nos escadrilles de bombardement ont jeté la nuit dernière vingt-deux mille kilogs de bombes sur Paris.

Nos postes de D. C. A. n'ont pas été pris en défaut de vigilance. Jamais tir de barrage ne fut plus intense. La canonnade ébranla l'air longtemps, dressant devant les gothas de véritables réseaux d'acier et de feu. Malgré cela, quelques avions réussirent à passer et jetèrent leurs bombes sur plusieurs points de Paris et de la région environnante, tuant sept personnes et en blessant une trentaine.

A Paris les points de chute furent :

Boulevard Suchet (bastion 61) (16e). — 51, boulevard Montmorency (16e). — 12, avenue des Tilleuls (16e). — 7, rue de Suez (18e). — 6, rue de Panama (18e). — 32, rue d'Orsel (18e). — 13, rue de Steinkerque (18e). — 14, rue de Steinkerque (18e). — Gare de la Chapelle (18e). — 13, boulevard Barbès (Dufayel) (18e). — 22, rue du Pré-Saint-Gervais (19e). — 20, rue Miguel-Hidalgo (19e). — Bastion 29 (hôpital temporaire) (19e). — 91, rue Pelleport (20e). — 14, impasse de la Loi (20e).

En banlieue, les six bombes lancées tombèrent :

A Aubervilliers : Magasins Généraux.

A Pantin : Dans le Canal de l'Ourcq (face aux moulins de Pantin).

A Sèvres : 62, Grande-Rue.

A Vincennes : 18, rue Defrance. — 45, rue Defrance. — Boulevard National (angle rue des Saboliers).

L'alerte ne se termina qu'à trois heures du matin, mais elle ne devait pas être la seule de cette nuit mouvementée.

Les Parisiens avaient à peine repris leur somme interrompu que de nouveau, à 4 heures 25, les sirènes se faisaient entendre, bientôt suivies de la canonnade non moins nourrie que la première fois, mais plus lointaine.

Cette fois encore notre D. C. A. veillait ; aucun gotha ne réussit même à approcher de Paris et cette seconde alerte ne dura guère qu'une demi-heure. A 4 heures 45 la berloque conviait les Parisiens à un repos bien gagné, mais fort court.

Dans la journée du 16, le président de la République alla saluer les victimes du raid de la nuit. Il s'est notamment rendu à l'hôpital Buffon, auprès de la dépouille mortelle de M. Antoine Troubat, sous-chef à la questure du Sénat.

Paris a appris avec satisfaction que deux des pirates avaient été abattus.

Combien de fois n'a-t-on pas dit aux Parisiens de se tenir dans les caves pendant toute la durée

des raids, que se mettre aux fenêtres ou stationner sur les trottoirs ou les chaussées pendant la
canonnade était une imprudence extrême, car outre les bombes ou torpilles boches, on pouvait
très bien recevoir quelque éclat d'un obus de la
défense contre avions·

Le dernier raid a confirmé une fois de plus ces
conseils de sagesse. Sur sept personnes tuées,
quatre le furent du fait de leur imprudence. L'une
a été traversée par une torpille alors qu'elle était
couchée dans son lit.

Des trois autres victimes, l'une était à son balcon ; l'autre, un concierge, sur le seuil d'une maison ; enfin, le dernier, un artilleur permissionnaire
cheminait avec la belle insouciance d'un soldat
retour du front et familiarisé avec les marmites.

Tous les quatre périrent par leur faute.

LI

La fin d'un pirate.

L'un des mauvais et dangereux oiseaux qui, la nuit du 16 septembre, survolèrent la région parisienne, rejoignait son nid à tire d'ailes, sa funèbre besogne accomplie, lorsqu'il fut repéré simultanément par plusieurs postes de guet essaimés un peu partout dans la plaine. Dès lors, son sort était réglé. Les projecteurs, rapidement, le prirent dans leurs faisceaux lumineux et de trois côtés partit dans sa direction un tir d'enfer.

Se sentant découverts, les Boches, secoués, happés par le souffle des projectiles, tentèrent l'impossible pour fuir. Ils se livrèrent à de fantastiques cabrioles, piquèrent presque jusqu'à terre, regagnèrent les nues, virevoltèrent en tous sens : peine perdue, les projecteurs ne les quittèrent pas une minute et les obus les encadrèrent avec une précision dénotant chez les servants des pièces un sang-froid et une science incomparables.

Un projectile atteignit en plein l'appareil ennemi qui volait à seize cents mètres de hauteur. Un craquement retentit. On vit une masse se détacher et tomber lourdement. C'était un des moteurs dont les attaches venaient de se rompre. Puis, très nettement, on aperçut deux hommes se jeter hors de l'appareil : ils s'abattirent sur le sol, à vingt mètres l'un de l'autre. C'étaient le lieutenant, commandant de bord, et le bombardier. Le pilote resta à son poste et le tout, avec un effroyable bruit de ferraille, vint s'écraser dans un champ nouvellement moissonné.

Dès le matin une foule nombreuse accourut des environs. Les trois Allemands furent rangés l'un près de l'autre sur la terre largement marquée de leur sang. Ils portaient de chauds manteaux doublés de laine et une espèce de casque blindé cachant à peu près toute la figure. Le commandant fut fouillé, on trouva sur lui ses pièces d'identité : lieutenant von Olearius, de la cavalerie, et des proclamations. Son linge était d'une finesse extrême ; à la boutonnière de sa tunique était attaché le ruban blanc et noir de la croix de fer, gagnée sans doute lors d'un précédent raid.

Le pilote était un sous-officier. Dans sa main crispée il serrait un billet de confession daté de la veille et portant manuscrite l'inscription : « Reposera dans la paix du Seigneur ». L'absolution avant l'assassinat.

L'avion abattu, un biplan A. E. G. quoique de construction récente, juin 1918, était d'un modèle datant de 1916.

D'innombrables curieux défilèrent toute la journée devant les débris de l'appareil gardés par deux gendarmes ayant toutes les peines du monde à empêcher les visiteurs d'emporter un souvenir.

A cinq heures, trois cercueils furent apportés. On y enferma les cadavres des trois Boches et une voiture les emmena pour être inhumés dans un petit cimetière voisin.

Un deuxième appareil allemand fut également abattu par l'artillerie de la défense contre avions dans la grande banlieue nord de Paris, à son retour du raid sur la capitale, dans la nuit du 16 septembre. Il tomba en forêt de Compiègne et prit feu en l'air. Les passagers qui le montaient eurent le temps d'atterrir avant qu'il ne fut consumé et purent se sauver à travers champs.

Ce raid marqua la fin des sinistres visites de gothas. Désormais nul avion ennemi ne vint plus ni de jour ni de nuit troubler la quiétude des Parisiens. Mais les dommages que les taubes, les zeppelins, les gothas et les berthas avaient causés étaient considérables et le bilan des victimes fort élevé.

Les chiffres des tués et des blessés donnés pour chaque raid aérien comprennent les victimes faites à Paris et dans la banlieue par taubes, zeppelins et gothas.

Le total, qui s'élève à 869, se décompose comme suit : tués : 115 hommes, 103 femmes et 47 enfants ; blessés : 296 hommes, 250 femmes et 57 enfants.

Le nombre des bombes lancées fut de 702.

Tous les arrondissements de Paris, sans exception, furent atteints par les projectiles des berthas. Celui qui en reçut le plus fut le XIXe (31 obus) ; on n'en compta qu'un seul dans le XIIe.

Le total des obus lancés par les canons à longue portée tant sur Paris que sur la banlieue fut de 306. Il y eut 250 tués et 678 blessés. Paris reçut 183 obus. Il y eut 215 tués et 597 blessés. La banlieue fut touchée par 123 obus, qui tuèrent 35 personnes et en blessèrent 81.

Ces chiffres présentent un caractère officiel : ils émanent de la Préfecture de police.

De ce qui précède, il résulte que les berthas ont fait presque autant de victimes que les zeppelins et les gothas. Néanmoins si ce bombardement à distance était plus angoissant parce qu'il était imprévu et qu'on ne pouvait l'éviter, les dégâts matériels qu'il a causés ne sont pas comparables à ceux occasionnés par les appareils aériens.

Toutefois, l'ensemble des résultats obtenus, vies humaines mises à part, est de peu d'importance en regard de l'effort déployé par l'ennemi. Et cela, nous en sommes redevables à l'habileté, au courage, au dévouement des vaillants défenseurs chargés de la garde de Paris; aussi leur en devons-nous une gratitude infinie, car aujourd'hui que le danger est à tout jamais écarté, il ne suffit point d'évoquer, de cette période troublée, que le séjour plus ou moins prolongé dans les caves où se tenaient des réunions qui parfois ne manquèrent pas de pittoresque ou encore les sorties au clair de lune aux sons joyeux des cloches parisiennes carillonnant les fins d'alerte.

Ce qu'il faut surtout ne pas oublier, c'est la barbarie et la férocité que l'Allemagne entière, se solidarisant avec son armée et son kaiser, a montrées en tuant à plus de cent kilomètres de distance d'inoffensives victimes, enfants, femmes, vieillards massacrés dans leur lit, dans l'intimité familiale, en prières dans les églises ou soignés dans les hôpitaux. Et cela, contrairement aux lois de la guerre, dans le but de terroriser toute une population, but, disons-le bien haut qui ne fut jamais atteint.

Aussi, en témoignage de la vaillance montrée par les Parisiens, leur ville est-elle décorée de la croix de guerre avec la citation suivante :

Le Président du Conseil, ministre de la Guerre.

Cite à l'ordre de l'armée :

LA VILLE DE PARIS, *capitale magnifiquement digne de la France. Animée d'une foi patriotique qui ne s'est jamais démentie, a supporté avec une vaillance aussi ferme que souriante de nombreux bombardements par avions et par pièces à longue portée, A de 1914 à 1918, ajouté des titres impérissables à sa gloire séculaire.*

G. CLEMENCEAU.

La remise de cette glorieuse distinction eut lieu solennellement à l'Hôtel de Ville le dimanche 19 octobre 1919.

LII

Le mystère des berthas est dévoilé.

Sous ce titre l'*Intransigeant* du 12 juin 1920 publiait l'article suivant que nous reproduisons :

« Comment fabriquait-on les Berthas ? Jusqu'à ce jour on n'avait que des indications assez vagues. Un officier de l'armée américaine, le lieutenant-colonel H. W. Miller, qui fut en mission à Pilsen pour y chercher les procédés de fabrication de l'artillerie à gros calibres, a pu examiner trois Berthas en construction depuis le milieu de 1918, à une époque où la maison Krupp, surchargée de travail avait demandé l'aide de l'usine Skoda de Pilsen.

« L'officier américain a publié ses renseignements dans l'*Illustration*.

« Pour établir une Bertha on prenait un tube

de 381 milimètres provenant d'un canon de marine usé par le tir, et semblable à celui qui bombardait Dunkerque.

Dans ce tube, qui avait 17 mètres de longueur, on introduisait un tube neuf, foré au calibre de 21 centimètres et rayé, qui dépassait, à l'avant, de 13 mètres, soit une longueur de 30 mètres. Enfin, on ajoutait un tube lisse de 6 mètres, destiné, d'une part, à accroître la vitesse initiale du projectile, et, d'autre part, à assurer la régularité du tir,

Le canon était complet : il avait alors 36 mètres de longueur.

L'angle de tir était de 55 degrés, de telle sorte que le projectile arrivait dans la zone atmosphérique raréfiée sous l'angle de 45 degrés, qui lui assurait le maximum de parcours dans cette zone.

L'affût était constitué par un énorme berceau cylindrique, dans lequel glissait le canon, et qui était supporté au moyen de tourillons de 46 centimètres de diamètre par des poutres d'acier.

Tout le système reposait sur une double plate-forme circulaire ; l'une, l'inférieure, en acier et ciment, était fixe ; l'autre, la supérieure, en acier, était tournante.

C'était cette plate-forme tournante qui permettait, en pivotant sur elle-même, d'effectuer le pointage en direction. Pour amener le canon à 55 degrés, on avait recours à un système d'engrenages, manœuvré par deux servants.

Sept supercanons furent ainsi construits, et quelques-uns d'entre eux ont été portés, après usure, au calibre de 24 centimètres, grâce à un réalésage approprié ; ce fut ainsi que l'on para à la mise hors service, que tous les techniciens estimaient, avec raison, devoir être rapide.

Telles furent les Berthas ; quant aux projectiles, les Parisiens les connaissent...

FIN

D'après l'*Illustration*.

D'après l'Illustration.

Table des Matières

Imprimerie Générale de Châtillon-sur-Seine. — Edouard Pichat.

9 782329 081250